이장이 된 교수,
전원일기를 쓰다

이장이 된 교수, 전원일기를 쓰다

2012년 1월 2일 초판 3쇄 발행
2010년 7월 12일 초판 1쇄 발행

지은이 강수돌

펴낸이 이원중 책임편집 김찬 디자인 이유나
펴낸곳 지성사 출판등록일 1993년 12월 9일 등록번호 제10 − 916호
주소 (121 − 829) 서울시 마포구 상수동 337 − 4 전화 (02) 335 − 5494 ~ 5 팩스 (02) 335 − 5496
홈페이지 www.jisungsa.co.kr 블로그 blog.naver.com/jisungsabook 이메일 jisungsa@hanmail.net
편집주간 김명희 편집팀 김찬 디자인팀 정애경

ⓒ 강수돌 2010
ISBN 978 − 89 − 7889 − 223 − 0 (03300)

이 도서의 국립중앙도서관 출판시도서목록(CIP)은 e-CIP 홈페이지(http://www.nl.go.kr/ecip)에서
이용하실 수 있습니다. (CIP제어번호: CIP 2010002388)

강수돌 지음

이장이 된 교수,
전원일기를 쓰다

지성사

머리말

이장과 교수,
그리고 작은 농부

"오늘은 이 분을 교수라는 직함보다는 시골 마을 이장으로 소개를 시켜 드리겠습니다." 사회자가 이렇게 말하면 대개 청중들은 "와, 하하하." 하며 손뼉을 쳤다.

내가 지난 2005년 5월부터 2009년 6월까지 5년간 각종 모임이나 단체의 초청으로 특강이나 토론회를 갔을 때 사회자가 나를 소개했던 말이다. 대학교수가 아니라 시골 이장, 아니 대학교수이면서도 시골 이장이라니 정말 별 희한한 일도 다 있다 할 것이다. 사람들이 박장대소를 하며 나를 한 번 더 바라보는 것도 모두 이런 생각에서였을 것이다.

일리가 있다. 대학교수가 뭐가 부족해서 시골 이장이 되었을까? 아니, 대학교수가 어떤 사연이 있길래 말도 많고 탈도 많은 시골 이장까지 맡게 되었을까? 이런 궁금증이 대부분의 청중들에게 솟구쳤을지도 모른다.

동시에 이것은 참 '웃긴' 일이기도 하다. 대학교수라 하면 대개 양복에 넥타이를 맨 인텔리 이미지인 반면, 시골 이장이란 검게 그을린 얼굴에 주름살이 제법 있고 금방 논밭에서 일하다가 나온 그런 인상을 주지 않던가. 이렇게 다른 두 이미지가 한 사람 안에 겹쳐 있다니 정말 웃기는 일이다.

사실 나는 대학교수와 마을 이장 외에 한 가지 얼굴을 더 갖고 있다. 실경 작지만 해도 200평이 넘을, 텃밭이라 하기엔 좀 크고 농사라 하기엔 가소롭기도 한 '텃밭 농사'를 짓는 작은 농부이기도 하다.

그렇다. 따지고 보면 나는 1997년 충남 연기군 조치원에 있는 고려대 서창(현 세종)캠퍼스에 선생으로 부임하게 되면서 이른바 '대학교수'가 되었다. 그리고 1999년부터 학교 뒤편 신안리 서당골에 흙과 돌, 나무로 만든 귀틀집을 짓고 작은 텃밭을 일구며 온 가족이 살게 되면서 '작은 농부'가 되었다. 그러다가 2005년 초 행정도시특별법이 통과되면서 그 이전부터 비밀리에 추진되던 마을 안 고층 아파트 건설을 저지하는 투쟁에 나섰다가 주민들에 의해 '마을 이장'으로 추대되었다. 이렇게 해서 나에게는 대학교수와 작은 농부, 마을 이장이라는 세 가지 다른 얼굴을 동시에 갖게 되는 '묘한' 일이 일어났다.

대학교수로서 나는 돈의 경영이 아니라 '삶의 경영'을 연구하고 가르친다. 돈의 경영은 수익성과 효율성만을 최고로 치지만, 삶의 경영은 인간성과 효율성의 조화를 추구한다. 오늘날 모든 삶의 바탕인 생태계 또한 주요한 축으로 고려된다. 그리하여 참된 삶의 경영은 인간성, 효율성, 생태성의 세 측면이 어떻게 하면 조화와 균형을 이룰 수 있을지에 관심을 갖는다. 대부분의 경영학 풍토가 돈의 경영이라는 관점에 입각해 있지만, 나는 삶의 경영이란 관점에서 인사, 조직, 노사 분야를 연구하고 가르친다. 삶의 경영 관점에서는 결코 '직원이나 노동자들을 어떻게 하면 효과적으로 통제하고 활용하여 최대한 이윤을 얻을 것인가', 하는 문제를 다루지 않는다. 오히려 '어떻게 하면 직원이나 노동자들이 즐겁게 일하고 행복하게 살 수 있을까', 하는 문제에 관심을 가진다.

기업 내부의 관리 과정이나 노동 과정, 노사 관계뿐만 아니라 기업 외부의 사회 구조, 정치 경제, 문화와 교육, 자연 생태계 등에도 깊은 관심을 갖게 된 까닭이기도 하다. 그래서 내가 최근 고심하는 바는 '노동 – 경제 – 교육 – 생명의 문제를 서로 연결된 고리로부터 어떻게 하면 제대로 풀어낼 수 있을까', 하는 점이다. 한마디로 모두 같이 풀지 않으면 어느 것 하나 제대로 풀 수 없다는 생각이다.

작은 농부로서 나는 돈벌이 농사가 아니라 살림살이 농사를 체험으로 학습하고 있다. 돈벌이 농사는 소비자를 위해 크고 보기 좋은 것을 대량 생산해야 한다. 그러나 살림살이 농사는 내가 직접 길러 직접 먹는 것이기에 크기나 모양, 수량에 신경을 별로 안 써도 된다. 텃밭 농사는 비로소 내가 우리 농민들의 새까맣게 타 버린 가슴을 온몸으로 헤아릴 수 있는 계기가 되기도 했다. 나아가 고랑과 이랑을 만드는 과정, 풀 뽑기를 하고 목초액을 주는 과정, 내가 직접 눈 똥과 오줌으로 퇴비를 만들어 다시 텃밭에 뿌리는 과정, 배추벌레를 직접 잡아 주는 순간 따위를 통해 사람과 자연이 하나로 살아야 하는 이유를 깨닫는 과정이기도 했다. 근처에서 농사짓는 분들은 예나 지금이나 "약을 치지 않고서는 절대 농사 못 지어유."라 하지만, 나만큼이라도 고집스레 농약이나 제초제를 절대 쓰지 않겠다고 단단히 결심한 순간들이기도 했다.

마을 이장으로서 나는 고층 아파트가 아니라 전원 단지 또는 대학 문화 타운이 들어서길 갈망했다. 건설 자본이 비밀리에 추진하려던 고층 아파트 단지는 해마다 봄이면 복숭아꽃, 배꽃, 산벚꽃이 흐드러지던 시골 마을에 15층짜리 아파트를 무려 15개 동이나 세워 모두 1120세대의 아파트촌을 만들려던 것이다. 나는 그 당시 이장으로부터 그런 아파트 단지 건설 계획을 듣고서는

'내가 나서지 않으면 누가 나서랴?' 하는 마음에 일종의 사회적 사명감 같은 것을 느끼게 되었다. 논과 밭, 과수원으로 정말 아름답던 그 풍경이 일거에 시멘트 덩어리로 채워질 것을 내다본 나는 아파트 추진 과정과 토지 용도 변경 과정을 추적해 들어갔다. 마침내 당시 이장이 만들어 넣은 '가짜 민원서'를 군청에서 찾아냈고, 주민 총회에서 이를 폭로하자 온 마을이 뒤집혔다. 2005년 5월 18일, 마을 주민들은 당시 이장을 끌어내리고 5월 24일, 나를 새 이장으로 추대했다. "당신이 마을 이장을 맡아 아파트 막는 싸움을 이끌어 주어야겠다."고 주민들이 주문했기 때문이다. 이와 관련된 이야기는 2010년 5월, 『나부터 마을혁명』이란 책으로 세밀하게 정리해 놓았다.

그렇다면 과연 교수와 농부, 이장은 별 연관성 없이 우연히 세 가지 얼굴과 역할이 서로 겹쳐 있는 것일까? 아니다. 이 모든 얼굴들은 결국 내 삶의 철학과 맞닿아 있는 다양한 측면 중의 일부에 불과할 뿐이다. 그것은 무엇인가? 내 삶의 철학의 핵심은 '인생의 목적은 행복'이라는 것이다. 그 행복의 내용은 식의주 등 기본 생계의 해결과 더불어 높은 삶의 질을 누리며 사는 것이다. 나에게 삶의 질이란 크게 네 차원으로 건강과 여유, 존중과 평등, 따뜻한 공동체, 온전한 생태계이다.

행복의 방법론과 관련해 나는 "오늘 행복을 내일로 미루지 말라."고 강조한다. 은행 이자는 미루었다 한꺼번에 많이 찾을 수 있지만, 인간 행복은 그때마다 찾지 않으면 나중엔 아무것도 남지 않는다. 마치 우리가 유람선을 타고 아름다운 섬 주위를 구경할 때 배가 지나감에 따라 보이는 섬의 모양이 시시각각 달라지는 것처럼, 인생이란 것도 매 순간마다 다르게 흘러간다. 때를 놓치지 않고 매 순간과 과정들을 충만하게 사는 한, 오늘 행복을 오늘 찾으면서 스스로 만족할 수 있는 한, 불행이나 후회, 두려움이나 피해 의식 같은 것이 들어설 자리는 없다.

그리고 하나 더. 나 혼자 또는 내 가족만의 행복이라면 그것은 절름발이 행복이라는 점이다. 많은 경우 다른 사람의 행복을 희생시켜 나만의 행복을 추구하기도 한다. 그러나 이런 것은 참된 행복이 아니다. 타자의 행복과 나의 행복이 같이 갈 수 있을 때만이 진정한 행복이다. 온 사회가 불행한데 나 혼자 행복한 건 어떤 면에서는 죄악일 수도 있다. 모든 사람이 오늘 행복을 오늘 찾기 위해서라도 나 혼자 노력해서는 안 되고 더불어 어깨 걸고 나서야 하는 것이다.

특히 자신만의 행복이 아니라 온 사회의 행복을 드높이려는 활동가 또는 운동가의 경우, 미래의 행복한 사회를 위해 오늘의 행복을 유보해야 할 정도로 그렇게 비장하게 접근할 필요는 없다. 어차피 세상은 변할 조건이 성숙해야 변한다. 변하지 않는 듯하면서도 변하기 마련이고, 변하는 듯 하면서도 잘 변하지 않는 것이 세상살이의 이치다. 따라서 우리는 온 사회의 행복을 꿈꾸면서도 오늘 행복을 오늘 느끼며 좀 더 느긋하고 행복하게 가야 한다. 행여 같이 걷는 사람들과 서로 상처를 주고받지는 않았는지 되돌아보면서 좀 더 부드럽고 좀 더 자상하게 관계를 맺을 필요가 있다. 때로는 서로 상처를 어루만져 주고, 치유의 노력을 함께해야 한다. 진정으로 행복한 미래 사회를 꿈꾸는 사람들은 바로 지금, 현재에도 행복할 수 있어야 한다. 또 아무리 힘들고 치열한 싸움 속에서도 유머와 위트, 해학과 익살 같은 것으로 유연하게 대처할 필요도 있다. 대안은 먼 미래에 있는 것이 아니라 '바로 여기' 있기 때문이다.

이런 면에서 나는 대학교수로서 '행복한 삶의 경영'을 연구하고 강의하며, 작은 농부로서 '생명의 텃밭을 경영'하고, 마을 이장으로서 '행복한 공동체를 위한 마을 경영'을 해 온 셈이다. 2010년 6월 13일, 후임으로 새 이장을 선출함으로써 나는 마을 이장직을 내려놓고 이제 마을 도서관지기로 '마을 공동체 문화 경영'에 더욱 힘을 기울일 생각이다.

물론 이 책에는 교수와 농부, 이장의 모습만 담긴 건 아니다. 부모님에 대해선 아들로, 아내에 대해선 남편으로, 세 명의 아이들에 대해선 아빠로, 나의 다양한 얼굴이 담겨 있기도 하다. 시골 생활, 텃밭 일구기를 통해 깨친 나의 마음은 보다 넓은 사회와 문화, 정치와 경제를 통찰할 수 있는 자양분이 되기도 했다. 이 모든 것들이 결국 '행복한 삶'으로 모아졌다. 제아무리 훌륭한 이론도 행복한 삶이라는 실천 속으로 녹아들지 않으면 말짱 도루묵 아닌가.

이 책은 바로 이러한 나의 삶의 과정을 하나씩 구체적으로 들여다보기 위해, 나아가 보다 깊이 있는 성찰을 하기 위해 힘겹게 엮어낸 것이다.

이 책을 만드는 데는 도서출판 지성사의 이원중 대표님과 편집 주간 김명희 님, 편집부의 김찬, 이유나 님 등 여러 분들의 노고가 컸다. 모든 분께 깊은 감사를 드린다.

모쪼록 이 책이 '행복한 삶'을 열망하는 독자들에게 작지만 밝은 등불이 되기를 빈다. 나아가 모두 행복한 사회가 되기 위해서 우리는 무엇을 어떻게 해야 할지에 대해 더 많은 이들과 열린 대화를 나누고 싶다. 가슴 설렌다. 고마운 일이다.

2010년 6월 15일
서당골 텃밭에서
강수돌

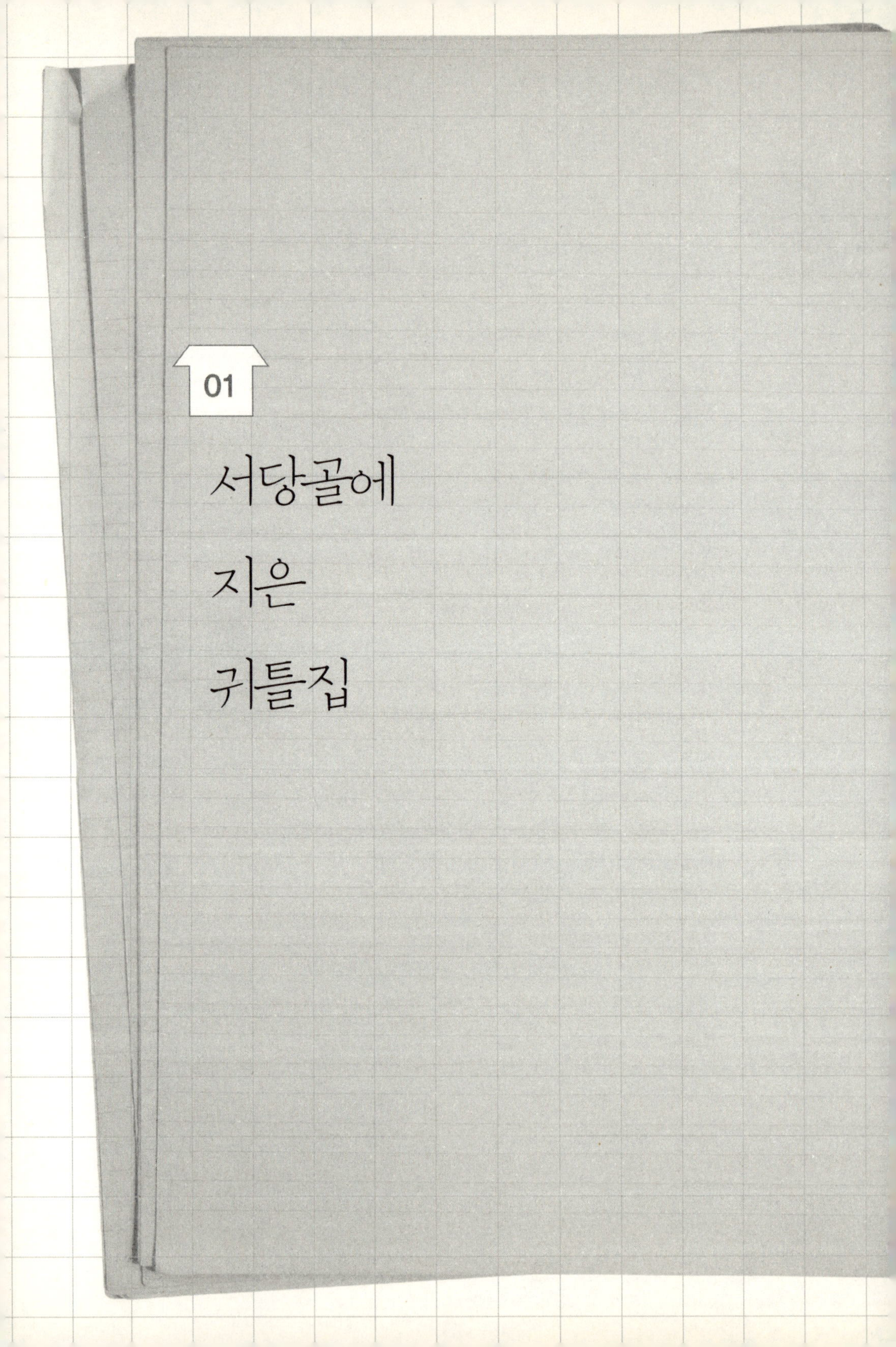

01

서당골에 지은 귀틀집

서울에서 청주로,
다시 더 시골로

1960년대 경제 개발 계획과 1970년대 새
마을 운동 이후 이농향도離農向都의 물결이 전국에 거세게 일었다. 심한 경우
한 해에 무려 60~70만 명씩 서울로, 서울로 몰려들었다. 나도 대학 입시에 낙
방한 후 서울에서 공부를 하기 위해 1980년 초 고향인 마산(현재 통합 창원시)
을 처음으로 떠났다. 내가 어릴 적만 해도 부모님은 마산 변두리 달동네에
서 적으나마 농사도 짓고, '내 고향 남쪽 바다' 가 바로 코앞이다 보니 개펄
에 가서 바지락도 캐며 살았다. 나는 고향을 떠난 뒤로 쭉 서울과 과천에 살
면서 1980년대를 대학과 대학원 생활로 보냈다. 결혼을 하고 군복무를 마친
뒤 독일 유학을 다녀오니 1990년대 중반이었다. 그러다 마침내 1997년에
모든 서울 생활을 접고 수도권을 떠나 청주로 이사를 했고, 1999년엔 다시
조치원읍으로 '반 귀농' 을 하게 되었다. 큰 아이가 초등학생, 둘째와 셋째가
유치원을 다니던 때였다. 남들은 아이들 교육을 위해 서울로 가야 한다고
하던 때, 왜 우리 부부는 온갖 기득권을 누릴 수 있는 서울을 벗어나 아이들

을 데리고 지방으로, 시골로 가게 되었는가?

크게 세 가지 계기가 있었다. 하나는 내가 1980년대 말과 1990년대 초에 걸쳐 독일에서 유학 생활을 하던 시기의 체험과 관련된다. 독일을 비롯한 유럽 사람들은 아이들을 어릴 때부터 '점수' 지향적으로 기르지 않는다. 그렇게 하지 않아도 아이들은 줏대 있게 잘 자라는 듯했고, 자신이 무엇을 하며 살아갈지에 대해 뚜렷한 목표를 찾아 나가는 것 같았다. 아니, 그런 것은 아이들을 '점수' 지향적으로, 또는 '경쟁' 지향적으로 기르지 않으려는 확고한 소신이 있었기 때문에 가능했던 게 아닐까 싶다. 실제로 큰아이 한결이는 첫돌 무렵에 우리와 함께 독일로 가게 되었는데, 그곳의 유아방이나 놀이방에서는 오로지 관심과 사랑으로 아이들을 돌보았다. 한국식의 공부나 점수, 상벌 같은 것은 전혀 느낄 수 없었다. 시간이 지나면서 루돌프 슈타이너의 발도르프 학교와 같은 대안적 시도들에 대해서도 알게 되었지만, 굳이 대안적 시도가 아니라 할지라도 사회 전반의 풍토가 아이들을 점수나 경쟁보다 그 내면의 성숙이나 타인과의 관계에 초점을 두고 양육하는 것 같았다. 그런 체험이 우리 부부로 하여금 '아이들을 아이답게 자라도록 하는 것이 좋겠다.'는 결심을 하게 만든 것 같다.

둘째는 내가 학위를 마치고 귀국한 뒤 과천에 살던 1995년 봄, 큰아이를 초등학교 입학식에 데리고 갈 때의 체험과 연관된다. 처음으로 학부형이 될 때 대개는 약간의 두려움과 함께 기쁨과 설렘으로 들뜬 기분이 든다고 한다. 그런데 나는 이상하게도 '송아지를 도살장에 끌고 가는' 기분이 들었다. 정말 이상했다. 사실은 초등학교만 해도 중·고등학교와는 달리 비교적 아이들이 자유롭게 자랄 수 있지 않은가? 또한 나 스스로도 기존 공교육 체제의 수혜자요, 성공한 축에 드는 편이 아닌가? 그런데도 이런 기분이 내 깊은 내면에서 솟아오른 것은 뭔가 공교육에 대한 뿌리 깊은 한이나 상처가 있을 것임이 분명했다. 그래서 아이나 아내에겐 별다른 표정을 짓지 않고 나 혼자 며칠 동안 생각해 보니 아하, 답은 의외로 간단했다. 한마디로 나의 학창 시절이 그렇게 행복하지 않았다는 것이다. 특히 중고등학교 시절이 그랬던 것 같다. 선생님이나 학교가 나빠서 그랬던 것은 아니었다. 선생님들도 좋았고 학교도 좋았으며 친구들도 좋았다. 내가 행복하게 느끼지 못했던 것은 '공부' 그 자체에 있었다. 그것은 내가 스스로 왜 해야 하는지에 대한 뚜렷한 목표 의식이 없는 채로 무조건 열심히, 무조건 1등을 지향하는 공부였기 때문에 '고통'이었다. 굳이 유일한 목표 의식을 든다면 그것은 공부 자체에 대한 재미나 미래의 삶을 위한 준비 과정으로서가 아니라 오로지 '부모님의 가난을 대물림하지 않기 위한 탈출구'로서 공부를 잘해야 한다는 것이었다. 그래서 결심했다. 우리 아이에게는 그렇게 "무조건 열심히 공부를 하라"고 강요해서는 안 된다고, 아이 스스로 관심을 갖거나 재능을 보이는 것이 무엇인지에 주의를 기울이겠다고 말이다. 게다가 우리 세대는 아무래도 부모님보다야 훨씬 여유롭지 않은가? 그러니 굳이 그렇게 한 맺힌 모습으로 아이들에게 공부를 강요할 필요도 없지 않은가. 참으로 행복한 삶이란 그때그때마다의 과정에 있는 것이지 결코 결과만으로 되는 것은 아니다. 바로 이런 생각 때문에 우리는 아이가 무엇을 '성취'하는가보다는 아이와 '함께' 공놀이를 하고, 아이 손을 잡고 공원을 산책하는 것에 더 삶의 가치를 두기로 했다. 그래야 아이도 행복하고 우리 자신도 행복할 것이 아닌가?

그리고 셋째로는 우리가 살던 곳 근처에서 농협이 운영하던 주말 농장을 체험했던 것이 매우 큰 영향을 끼쳤다고 본다. 경제 위기 이야기가 한창이던 1996년경이었던 것 같다. 마침 친구가 농협에 근무하고 있어 주말 농장을 소개해 주고 농사 요령도 가르쳐 주는 등 여러 가지 도움을 주었다. 우리는 주말에 시간이 날 때마다 초등학교 2학년생인 큰아이를 데리고 손바닥만 한 농장에 가서 씨앗을 뿌리고 모종도 심으며 작물이 하나씩 올라오는 모습에 감탄하곤 했다. 나중에 친구 가족과 삼겹살을 사 들고 농장으로 가서 우리가 직접 거두어들인 상추와 쑥갓으로 점심을 함께 먹을 때는 '아, 사람 사는 맛이 바로 이런 것이로구나.' 하는 느낌을 받았다. 한결이도 농장에만 가면 팔짝팔짝 뛰며 너무나 좋아했다. '밥이 똥이 되고 똥이 밥이 되는' 건강한 경제는 바로 '땅의 경제'가 아니던가. 그래서 우리는 결심했다. 계기만 된다면 아이들과 함께 수도권을 떠나 시골로 가기로. '모두들 경제 위기니 세계화니 하지만 결국 답은 땅에 있지 않을까', 이런 생각을 많이 하던 때이기도 하다. 실은 그 무렵에 『세계화의 덫』이라는 독일 책을 번역 중이었는데, 그 책을 통해 이른바 'IMF 체제'의 본질이 무엇인지, 너도나도 외치는 세계화라는 것이 어떤 문제점을 안고 있는지에 대해 많은 것을 알게 되었고, 그럴수록 기업이나 정치 분야의 기득권층이 말하는 세계화가 답이 아니라 땅으로 돌아가는 것이 답일지 모른다는 생각이 들었다. 그러던 차에 1997년 봄부터 충남 연기군 조치원에 있는 당시 고려대학교 서창캠퍼스에 인사·노사 분야의 신임 교원 자리를 얻게 되었다. 하늘이 도운 것이다.

　우리는 당장 수도권 대탈출 계획을 세웠다. 우선은 과천을 떠나 청주 외곽에 전세를 얻었다. 지금은 휘황찬란한 유흥가로 변했지만 그때만 해도 아이가 학교를 다니던 서청주 지역은 소가 풀을 뜯고 아름드리 소나무가 멋

서당골에
지은
귀틀집

진 숲을 이루고 있었다. 담임선생님은 약간 성취 지향적인 교육을 하는 듯해서 우리 속마음이 좀 불편했지만, 소가 '음매-'하고 우는 소리를 들으며 등하교 하는 아이의 모습이 좋아 그냥 그대로 두었다. 집 근처 유아원을 다니던 둘째와 셋째도 소나무 숲 근처 오솔길에만 가면 너무나 좋아했다. 우리 부부도 아이들 손을 잡고 소나무 숲으로 산책을 나갈 때가 참 행복했다.

그렇게 나는 서청주에 임시로 살면서 강의가 끝난 뒤 틈이 나는 대로 조치원 학교 근처로 집 지을 땅을 보러 다녔다. 아내나 나나 모두 소박하고 아담한 흙집, 한옥 살림집을 짓고 싶었다. 텃밭도 일구어 채소류라도 가능한 한 자급하고 싶었다. 당시나 지금이나 우리는 '자연이 최고의 교과서'라 믿는다. 그래서 한사코 시골에 집을 짓기로 결심한 것이다. 고려대 캠퍼스의 교직원들은 주로 서울 등 수도권에 몰려 살거나 아니면 대전이나 청주권에 살고 계셨다. 처음에는 아이들 교육 때문이라 하셨지만, 나중에 아이들이 다 커도 이미 도시 생활에 길들여진 터라 마음속으로만 그리던 시골 생활을 선뜻 택하기가 어려워지는 것 같았다. 그래서 삼십 대 후반이었던 나와 아내는 시골 생활을 '바로 지금부터' 하는 것이 옳다고 느꼈다. 자꾸 이런 핑계, 저런 핑계를 대며 나중으로만 미루다 보면 하나도 실천할 수 없을 거라는 생각 때문이었다. 그리고 10년이 넘게 지난 지금, 그 모든 과정들이 옳았다고 본다. 이런 느낌은 실제로 해 보지 않은 사람은 모른다.

그렇다고 내가 모든 사람들이 늘 시골 생활만 해야 한다고 보는 건 아니다. 특히 어릴 때 시골에서 자연과 더불어, 또 불편함과 더불어 살면 나중에 도시로 가서 살더라도 어려움을 헤치고 나갈 힘이 생긴다고 본다. 한창 젊은 시절엔 오히려 각박한 도시 생활에 좀 시달려 보는 것도 좋은 경험이 될 것이다. 그러다가 조금 시간이 지나 결혼하고 아이를 키우면서 다시 시골로 돌아간다면 그것도 그리 나쁠 것 같진 않다. 다시 돌아가기 위해서라도 어릴 적부터 자연스런 시골 생활을 하는 것은 참 좋은 기초 다지기라는 생각이 든다. 그렇게 되면 사회적으로 발생하는 도시와 시골 사이의 모순과 대립도 오히려 보완과 조화로 재탄생할 수 있을 것이다. 시골에서 산다는 것은 무엇보다 자연과 하나가 되어 사는 삶의 기쁨을 매 순간 만끽할 수 있다는 것을 뜻한다. 매일 느끼는 작은 행복감, 이건 직접 살아 보지 않고는 알기 어렵다.

땅 구하는 과정에서의
마음고생

일단 저지르기로 마음을 먹고 나니 땅을 보러 다녀야 했다. 어디에 누가 무슨 땅을 내놓았는지 알 수 없었다. 그래서 나는 대학 강의가 끝나는 대로 시간을 내어 부동산 중개소를 찾아다녔다. 여기저기 여러 군데 땅을 보러 다녀도 별로 마음에 들지 않았다. 그러다 어느 날 학교 근처 서당골이란 곳에 갔는데, 약 500평 정도 되는 밭이 펼쳐져 있었다. 마을에서는 제법 떨어진 외딴 곳이었다. 나지막한 산자락의 중턱쯤 될 듯했다. 그 밭의 한쪽 끝자락에 올라 마을을 내려다보니, 그냥 '느낌'이 왔다. 마치 어머니 품처럼 아늑하고 포근했다. '아, 여기가 내가 새 터전을 잡을 곳이로구나' 하는 소리가 마음속에서 들렸다. 이른바 '좌청룡, 우백호'라 할 법하게 왼쪽과 오른쪽이 산으로 둘러싸이고, 마을 중심가와 그 건너 넓은 벌판도 아득히 보였다. 아내에게 어서 보여 주고 싶었다. 그 땅을 본 아내는 좀 외지고 길도 좁은 농로밖에 없다며 처음엔 좀 꺼렸지만, 워낙 내 결심과 태도가 단호한 걸 보고 "당신이 좋다면 그렇게 합시다."라고 동의했다. 부동산 중개소를 통해 자세히 알아보니 집을 짓는 데는 정식 절차만 밟으면 된다고 했다. 그래서 바로 다음날 계약서를 쓰기로 했다. 1997년 10월경이었다. 지금 생각해 보면 그렇게 '삘feel'이 꽂힐 때 저질러야만 일이 된다.

대개 평당 얼마냐 하는 문제를 가지고 이리 재고 저리 재다 보면 좋은 땅도 놓치고 만다. 그렇게 '때'를 놓치면 아무리 좋은 계획도 자꾸만 뒤로 밀리고 나중엔 아예 포기하고 만다. 나는 그런 게 싫었다. 마음먹기가 쉽지는 않지만 한번 마음먹으면 그냥 실천에 옮겨야 한다. 그게 내 성격이기도 하다. 그래서 나는 땅값 자체를 가지고 우왕좌왕하고 싶지는 않았다. 물론 땅값이 터무니없다면 안 되겠지만 당시 시세로 그 정도면 괜찮겠다 싶었다. 그래서 속전속결로 끝이 난 편이다. 땅을 구입한 뒤, 1997년 12월 초에 'IMF 사태'가 터졌다. '외환 위기'였다. 국가 파산 위기라느니 새로운 국치일이라느니 말들이 많았다. 기업들이 넘어가고 집값과 땅값도 떨어졌다. 그래서 '아, 내가 산 땅도 두 달만 더 있다가 샀더라면 좀 더 싸게 살 수 있었을 텐데.'라는 생각이 들기도 했다. 하지만 돈 좀 더 주고 기쁨을 두 달치 더 먼저 얻었다고 생각하니 전혀 억울하지 않았다. 산책 삼아 그 밭에만 가도 기분이 좋았기 때문이다.

그 땅을 구입하는 과정에서 읍내에 있던 부동산 중개업자가 약간의 농간을 부리려 하기도 했다. 내가 확실히 땅을 살 것 같으니까 땅 주인이 받아 달라고 한 가격보다 좀 더 많이 부른 것이다. "땅 주인이 마음이 변해서 좀 더 달라고 하는데…"라고 전화를 해 왔다. 다행히도 나는 땅 주인의 전화번호를 미리 받아 놓았기에, 당장 주인에게 전화를 했다. 땅값을 다르게 이야기한 적이 없다는 것이었다. 부동산 중개소에 전화해서 "당신이 하는 짓을 보니 기분 나빠서 그 땅 사지 않겠다."고 하고 전화를 확 끊어 버리려 하다가 그냥 참았다. 그 시점에서 '진짜 중요한 건 땅이지 기분이 아니지 않은가', 라는 내면의 목소리가 들렸기 때문이다. 독일식 표현으로 '목욕물 버리다 아기까지 버리는 꼴'이 되면 안 되지 않겠는가? 게다가 따지고 보면 그렇게 부동산 거래가 활발하지 않은 작은 도읍에서 '한 건' 할 수 있는 기회가 별로 없다 보니 그럴 수 있겠다는 생각도 들었다.

그러면서 나는 마음 한구석에 땅을 부동산으로 사고판다는 사실 자체가 좀 불경하다는 생각이 들었다. 18세기 독일의 저명한 작가 괴테Johann Wolfgang von Goethe도 "자연이 인간을 위해 거기에 있는 건 아니다."라는 말을 했고, 19세기 북미 원주민의 추장 시애틀Seattle도 "우리는 땅의 한 부분이고 땅은 우리의 한 부분이다."라는 편지로 심금을 울렸다. 이어 20세기 초반, 칼 폴라니Karl Polanyi라는 경제인류학자도 "토지, 노동, 화폐는 상품이 될 수 없다."고 하지 않았던가. 불행히도 현실은 거의 모든 것을 '상품화'하는 경향이 있고, 돈이 없으면 아무것도 할 수 없는 세상이 되고 말았다. 내가 텃밭을 일구며 집 짓고 살 땅도 돈이 없었다면 그림의 떡에 불과하지 않았을까. 또 돈이 있다고 땅을 쉽게 사고, 돈이 된다고 땅을 쉽게 파는 행위는 어쩌면 우리의 형제자매를 돈으로 거래하는 듯해서 정말 죄스럽기도 했다.

게다가 나는 '개발'이라는 미명 아래 그린벨트만이 아니라 자연 전체를 무참히 파괴하는 오늘날의 경향성에 본능적인 저항감을 갖고 있었다. 그렇다고 자연에 아무런 흠집을 내지 않고 그냥 수렵이나 채취 생활을 하며 떠돌 수도 없는 노릇이니 나로서도 일종의 타협을 할 수밖에 없었다. 그것은 일단 돈을 주고 땅을 사되 너무 소유에 집착하지 말자는 것, 내가 살 집도 가장 소박하고 자연스럽게 짓자는 것이었다. 집 짓는 과정에서는 물론 지은 뒤에도 가능한 한 자연을 해치지 않고 자연의 품속에 깃들며 살자고 다짐했다. 아내 역시 같은 마음이었다. 고마운 일이었다. 내가 살고 싶은 모습을 별 주저 없이 실현할 수 있다는 것, 바로 이것이 정말 감사한 일이었다.

한편 나는 그 땅의 주인이 진짜 주인이 아니었다는 사실도 알게 되었다. 알고 보니 그 땅은 종중 땅이었다. 계약서에 도장을 찍는 과정에서 한두 사람만 도장을 찍으면 될 일이 아니었던 것이다. 계약을 하던 날, 땅 주인은 나에게 어느 횟집으로 나오라 했다. 그저 기분 좋게 식사나 같이 하며 최종 계약서를 쓰자는 줄 알았다. 그런데 가서 보니 허연 수염을 기르고 상투까지 튼 노인들이 대여섯 분이나 오셨다. 무슨 일인가 했더니 원래 그 땅은 종중 땅인데 이 노인들이 모두 도장을 찍어야만 계약이 성사된다는 것이었다. 땅을 팔려던 이에게 그러면 당신은 누군가, 했더니 종중의 후손인데 그 땅을 사실상 경작하며 관리하고 있었다고 했다. 또 한 번 가슴을 쓸어내리는 순간이었다. 어쩌면 꼭 땅을 사겠다고 대든 내가 약자일 수밖에 없었다. 그 종중 후손은 그 노인들의 식사 비용을 모두 나더러 내라고 했다. 그래야 노인들이 도장을 찍어 주시고도 마음이 좋을 것 아니냐는 것이었다. 나는 마음 한 켠에 좀 씁쓸한 느낌이 들었지만, '그래도 대대로 물려 온 종중 땅을 넘겨야 하는 노인들 마음이 얼마나 서운할까' 하는 생각에 기꺼이 식대를 지불하고 나왔다. 그러면서도 '아하, 이런 식으로 조상이 물려준 땅들이 후손에 의해 하나씩 팔려 나가 버리는구나' 라는 생각이 들었다. 아마도 지난 수백 년 또는 수천 년 동안 종중 땅들은 거의 신성한 땅으로 여겨졌을 것이다. 소유권 개념이 문서로 확고히 정립된 근대 이후로는 후손 중 어느 누가 좀 똑똑하다고 해서 종중 땅을 함부로 팔아넘길 수 없도록 하려고 여러 명의 어른들이 공동 소유자로 등록을 했을 터이다. 그러던 땅이 이제는 '값'만 잘 받을 수 있다면 언제든지 상품으로 거래된다. 심지어 노인들조차 후손들의 집요한 설득에 "좋을 대로 하지."라고 쉬이 넘어가신다. 바로 이 점이 나는 너무 안타까웠다. 이제는 더 이상 조상 대대로 물려 온 땅을 상품화의 물결로부터 지켜 줄 사람이 없구나, 만약 누군가 "그럴 순 없다."라고 우긴다면 이상한 사람 취급을 받겠구나, 이런 생각이 들었다. 그래서 나는 더욱 내가 산 땅을 '그 종중을 대신해 정말 경외하는 마음으로 잘 보존하고 관리해야지' 하는 마음을 먹게 되었다. 그런 마음으로 그 땅을 다시 한 번 둘러보니, 산밤나무 한 그루, 풀 한 포기, 메뚜기 한 마리, 새소리, 풀벌레 소리, 그 모두가 소중하고 신성하게 느껴졌다. 그간 살아오면서 나도 모르게 마음 깊이 쌓였던 온갖 스트레스가 확 풀리는 것 같았다. 결국 내가 살 땅을 구하는 과정은 땅이 나를 구하는 과정이기도 했다. 고마운 일이다.

집 설계와
한옥 살림집 짓기

땅을 구한 뒤 1998년 일 년 동안은 크게 두 가지 일을 했다. 하나는 '내' 땅에 텃밭 농사를 실험적으로 지어 보는 일이었다. 다른 하나는 나와 아내가 살고 싶은 한옥 살림집 지을 준비를 하는 것이었다.

텃밭 농사는 어느 누구도 옆에서 가르쳐 줄 사람이 없기 때문에 책을 보거나 아는 분들에게 직접 물어서 진행해야 했다. 아직 마산에 계시던 노부모님도 집을 지은 뒤에 모시고 올 요량이었다. 특히 옛날부터 농사일로 평생을 살아오신 어머니는 기술자는 아니지만 '때'를 아는 분이었다. 가끔은 전화로 어머니께 텃밭 농사 자문을 구하기도 했다. 당시에 우리는 좀 멀리 떨어진 곳에 살았기에 매일같이 텃밭에 가기는 어려웠다. 쇠스랑이나 괭이 따위로 이랑과 고랑을 만든 다음 씨앗을 뿌리고 일주일 뒤에 가서 싹이 올라오는지 자세히 살펴보곤 했다. 처음엔 감감무소식이던 것도 어느새 싹을 내밀고 쑥쑥 자라는 모습이 너무나 신기했다. 세 아이들도 깡충깡충 뛰며 좋아했다. 들꽃은 아름답고 새소리는 경쾌했다. 흙냄새, 풀냄새가 나를 자연 속으로 동화시켰다. 일이 좀 바빠 미처 돌보지 못한 주에는 풀들이 상추나 고추, 토마토, 들깨보다 훨씬 번창해 버렸다. 나중엔 마치 남의 땅처럼 보이기도 했다. 이런 경험이 쌓일수록 '텃밭 농사는 집 가까이 있어야 한다.'는 것을 깨닫게 되었다. 한 해라도 지체하지 말고 집을 지어야 한다는 생각이 굳어지고 있었다. 그 사이에 지하수 우물을 파고, 가장 인근의 이웃집에서 전기를 연장해 와 깨끗한 물도 길어 올렸다. 돈 드는 것을 생각하면 만사가 귀찮았지만 내가 아이들과 함께 살 터전을 새롭게 마련한다는 생각에 '한번 마음먹은 것은 꼭 해내고 말리라.'는 다짐을 반복했다. 게다가 싱싱하고 맛깔스런 상추를 뜯어 아이들과 삼겹살을 구워 먹을 때는 '정말 이 맛이로구나' 하는 생각이 절로 들었다. 물론 그 맛이란 상추와 고기 맛만 말하는 것은 아니다. 흙과 가까이 사는 맛, 시골에서 자연의 품에 사는 맛이라는 의미가 강했다. 상추 자체도 보통 식당에서 먹는 상추 맛이 아니었다. 식당이나 슈퍼마켓에서 파는 상추는 뭔가 싱거웠다. 물만 먹고 얼른 자라야 했기 때문일 것이다. 하지만 우리가 직접 키운 상추는 고소하고 알찬 느낌이 들었다. 하늘의 햇볕과 비, 땅의 흙과 지렁이, 그리고 우리의 일손과 정성, 이 모든 것이 맛깔스런 상추에 다 담겨 있었다. 직접 재배한 상추를 먹으면서 '이렇게 소박하나마 채소의 일부라도 자급할 수 있다면 건강한 살림살이를 만들 수 있겠구나.'라는 다소 거룩한 생각이 들기도 했다. 가슴이 설레었다.

다음으로 한 일은 우리가 직접 살 집을 지을 준비를 하는 것이었다. 우선 방향은 분명했다. 전통 한옥을 짓되 고상한 사대부 집이나 궁궐 같은 기와집이 아니라 소박한 평민의 살림집, 가능한 한 자연 소재로 지은 '숨 쉬는' 집, 그러면서도 살림살이에 크게 불편하지 않은 집을 짓자는 것이었다. 아내도 나와 마음이 같았다. 잡지 같은 것을 보면서 모델이 될 만한 집을 찾아보기도 하고, 아는 사람들에게 두루 물어보기도 했다. 그러던 어느 날 충청북도로 귀농한 한 후배로부터 전화가 왔다. 자기가 사는 마을 근처에 소박한 한옥집이 있는데 내가 찾는 것이랑 비슷할지 모르니 한번 와서 구경해 보라는 내용이었다. 그래서 아내와 함께 물어물어 찾아갔다. 후배가 말한 그 집을 딱 보는 순간 느낌이 왔다. '아, 이런 집이로구나. 우리도 이런 집을 지어야겠구나' 라는 생각이 솟구쳤다.

그것은 강원도 정선 일대에 퍼져 있던 '귀틀집'이었다. 가느다란 통나무를 끼워 맞추듯 쌓아 올리고, 그 틈새엔 대나무나 졸대 같은 것을 대고 진흙, 황토, 볏짚을 버무려 벽체를 만든 집이었다. 흙이 습도 조절을 잘 하고 늘 비슷한 온도를 유지해 주기에 여름에는 시원하고 겨울에는 비교적 따뜻하다고 했다. 지붕에는 돌기와를 올려 자연미를 더했다. 특히 귀틀집은 보통의 방식으로 짓는 집에 비해 모양은 투박하나 통나무가 서로 엇갈리며 맞물려 올라가기 때문에 처음부터 '내진' 설계가 된 셈이라 훨씬 튼튼해 보였다. 아내에게 어떠냐고 물었더니 자기도 참 느낌이 좋다고 했다. 집주인을 만났다. 그 내외분도 크게 보면 우리와 비슷한 고민과 철학으로 그 집을 짓고 시골 생활을 시작했다고 한다. 나름의 철학과 소신을 가진, 정말 고마운 분이었다. 그 뒤로도 그 집에 두세 번 더 찾아가 이런 저런 질문도 하고 이야기를 나눈 끝에 마침내 아내와 나는 결심을 굳혔다. 이제 형식은 '귀틀집'으로 정해졌다. 크기는 너무 크지도 작지도 않은 30평 정도로 하기로 했다. 아직

집 짓기는 시작도 않았지만 우리 마음속에는 이미 집이 지어지고 있었다. 이런 것이 '과정으로서의 삶'이 가진 기쁨이던가.

그렇게 결심을 굳힌 다음에는 그 집을 지은 대목(목수를 높여 부르는 말)을 찾아갔다. 당시 그 대목은 이미 환갑이 가까운 어른이었는데, 괴산의 어느 골짜기에서 먼저 살던 농민이 떠나 버려 텅 빈 헌 집을 새 주인을 위해 대대적으로 수리하고 계셨다. 비교적 자세하게 안내된 지도책을 들고 물어물어 아내와 함께 찾아갔다. 꼬불꼬불 시골길을 하나씩 건너갈 때마다 우리 가슴은 뛰었다. 대목을 뵙기만 해도 금방 집이 다 지어질 것 같았다. 그렇게 작은 단계 하나씩 밟아가면서 우리는 우리 삶의 실질적 주인이 되는 기분이었다. 물론 어느 정도 두려움과 불안함도 있었지만 우리 스스로 의논을 하고 결정해서 만들어가는 기쁨, 이것은 최종적인 성과물 이상으로 과정 그 자체가 주는 기쁨이었다. 막상 대목을 직접 뵈니 첫인상이 참 진실해 보였다. 굵은 얼굴 주름과 자연스럽게 굳은살이 박힌 두툼한 손이 믿음직했다. 대목께 우리도 귀틀집을 짓고 싶다는 말씀을 드리고, 그래서 일부러 대목을 찾아왔다고 했다. 이런저런 질문도 드리고 여러 가지 말씀을 나누며 약간의 우여곡절 끝에 마침내 그 대목을 모시고 집을 짓기로 했다. 대목과 함께 의논을 하며 귀틀집을 짓기로 하니 이미 절반은 다 지은 것 같은 마음이었다.

물론 우리 집의 모델이 된 그 귀틀집을 그대로 짓자는 건 아니었다. 기본은 귀틀집대로 하되, 우리 부부는 서로 생각을 나누면서 몇 가지 점에서 수정을 가했다. 첫째는 내가 마산의 부모님을 모시고 살고 싶었기 때문에 부모님, 우리 부부, 그리고 아이들까지 3세대가 같이 살 수 있는 공간 구조를 갖추기로 했다. 그래서 하늘에서 내려다보았을 때 Y자가 옆으로 누운 모양과 비슷하게 설계했다. 그냥 앞마당에서 보면 기역자 모양으로 보이지만 실은 기역자의 꺾어진 부분에서 날개가 하나 더 나가 있는 형세가 되었다. 좀 그럴듯한 표현으로는 '천지인 삼재가 함께 모여 사는 구조'다. 가운데에 부엌과 거실, 화장실을 두고 왼쪽으로는 안방과 큰아이 한결이 방, 오른쪽으로는 딸 아름이와 막내 한울이 방, 앞쪽으로는 부모님 방을 배치했다. 그리고 아이들 방 끝자락엔 바깥 아궁이에서 나무로 불을 땔 때 난방과 요리를 하는 '구들방'을 놓기로 했다. 둘째는 원래 한옥에는 큰 유리창이 없지만 우리는 바깥 경치와 조명을 고려해서 3세대가 가장 많이 쓰는 거실대청마루과 부엌 공간에 큰 통유리를 달기로 했다. 셋째는 난방이 되지 않는 대청마루 한 켠에 난방은 물론 아늑한 분위기를 만들기 위해 '코굴' 흙으로 만든 재래식 벽난로로, 사람 코처럼 생겼다 해서 코굴이라 불렀다고 전해진다을 만들면 좋겠다 싶었다. 나중에 알게 된 일이지만 강원도 옛집에서는 난방이나 조명을 위해 방 한 쪽에 코굴을 만들었고, 경기도의 시골 농가에선 냉장고 대신으로 토굴을 만들어 썼다고 한다. 토굴은 다음에 생각하기로 하고 일단은 거실에 코굴 자리를 만들기로 했다.

그렇게 우리 집의 모델이 된 집의 설계도를 기초로 우리 부부가 추가로 생각한 내용들을 반영하여 새로운 설계도를 만들게 되었다. 그 과정에서 대목과도 의논을 했다. 짓는 과정에서 의견 교환을 통해 세부 설계가 일부 바뀌기도 했다. 크게 보면 대목과 우리가 함께 의논하며 설계도를 만들어 가는 셈이었다. 설계사가 제시한 완벽한 도면에 따라 대목이 시공만 하는 형태가 아니라, 기본 설계 바탕 위에 집주인과 대목이 상호 작용을 하면서 구체적인 설계를 만들어 가는 형태였다. 이것 또한 우리로서는 '과정' 지향적인 건축의 한 축을 이룬 셈이다.

그리고 집 짓는 일 자체도 전체적으로는 내가 최대한 시간을 내어 계속 참여하면서 관장하고, 기초를 닦고 지붕을 얹는 작업 자체는 대목이 관장하기로 했다. 이미 집을 지어 본 주변의 많은 사람들은 하도 속을 많이 썩힌 터라 직영으로 하지 말고 목수에게 도급으로 떼어 주라고 했다. 물론 그렇게 하면 속은 편할 터였다. 그러나 대목도 그것을 원치 않았다. 본인의 반복된 경험에 비추어 볼 때, 그렇게 전체 공사비를 정하고 돈을 받아서 도급으로 일을 하면 늘 본인의 인건비가 안 나온다고 했다. 사실 집을 지을 때는 짓는 과정에서 자재값이 오르기도 하고 또 예측한 것보다 더 많은 비용이 드는 일이 다반사라 했다. 그래서 애초 계획보다 10퍼센트 정도는 더 계산해야 한다는 것이 많은 사람들의 의견이었다. 그러나 그렇게 한다 해도 대목은 본인의 수고비가 안 나오기 때문에 최선을 다해 일을 한다는 전제 아래 날일로 품삯 계산을 해서 2주일 또는 4주일 단위로 삯을 달라고 했다. 물론 비가 와서 일을 못하고 쉬는 날은 품삯을 뺀다고 했다. 나로서도 대목을 비롯한 일꾼들이 최선을 다해 일을 할 것이라 믿었다. 게다가 미리 총액을 계산해서 전체 공사비를 책정해 놓아도 나중엔 제대로 맞지 않아 서로 속이 상할 것 같았다. 그래서 아내와 나는 의논을 한 끝에 대목이 원하시는 대로 하기로 했다.

일꾼들의 숙식은 집터 옆에 임시 숙소를 지어 해결하되 쌀과 김치, 고기 등 모든 식재료는 우리가 사다 드리는 대신 요리는 대목과 일꾼들이 스스로 해결하기로 했다. 아내나 나나 학교 일로 바빴기 때문에 우리는 시간이 나는 대로 집 짓는 일에 전력투구하기로 했다. 대개 사람들이 돈 때문에 일하는 사람들과 크게 싸우거나 아예 집 짓기를 포기하기도 한다는데 우리는 당장은 좀 힘들더라도 돈 문제를 초월해서 끝장을 보기로 결심했다. 우리로서는 일종의 '참여 건축'을 하기로 한 셈이다. 돈이 얼마나 드는가도 중요하지만 더 중요한 건 우리 집을 우리가 직접 짓는다는 데 있었다. 공사 자체를 완전히 떼 주는 도급이 편하기야 하겠지만 일하시는 분들에게 불경스런 일이라 생각되기도 했고, 다른 편으로는 대목 의견을 존중하는 것이 기분 좋게 집을 짓는 데 도움이 될 것이라 보았다. 이 결정에 가장 중요한 것은 우리가 대목을 인간적으로 '믿는' 일이었다. 그렇지 않다면 전체 공사비의 절반 정도를 차지하는 인건비가 의외로 늘어날 걸 두려워해 참여 건축은 불가능했을 것이다.

그렇게 집 짓기를 준비하면서 나는 읍사무소와 군청을 드나들며 행정적인 서류 작업도 해야만 했다. 우선은 밭으로 된 땅의 일부를 대지로 바꾸어야 했고, 그러기 위해선 분할 측량을 한 뒤에 집 지을 터를 대지로 변경하는 허가 절차를 밟아야 했다. 그 다음 집을 짓겠다고 정식으로 건축 허가를 받아야 했다. 그 과정에서 지역 개발 공채, 주택 채권 따위를 사야 했고, 측량 등 용역비, 대체 농지 조성비, 농지 전용 부담금 등도 내야 했다. '농업'이야말로 가장 중요한 일이라고 믿는 나로서는 농지의 일부를 대지로 바꾸는 대신 전용 부담금이나 대체 농지 조성비를 내는 것은 마땅한 일이라 생각되었다. 모두 합치니 1998년 8월 기준으로 대략 500만 원 정도 들었다. 적지 않은 돈이었지만 돈에 대한 부담이 느껴질 때마다 나는 '돈이 중요한 게 아니다. 돈이 들더라도 맘에 드는 집을 지을 수만 있다면 고마운 일이 아닌가.'

라는 생각을 거듭했다. 돈 앞에서 주저한다면 아무 일도 못할 것 같았다. 그나마 아내와 내가 교직에 몸담고 있으니, 알뜰살뜰 절약하면 대체로 해결될 일이었다.

동시에 나는 한편으로 전국귀농운동본부에서 주관한 「흙집 짓기」 프로그램에 참여하기도 했고, 다른 편으로는 귀틀을 짜 올릴 통나무와 대들보나 문틀용으로 쓸 목재를 구하러 나서기도 했다. 「흙집 짓기」 프로그램은 4박 5일짜리로, 당시 전남 화순에서 흙집을 지으시던 김재철 선생님 댁으로 가서 이론도 배우고 직접 체험도 해 보는 것이었다. 현장으로 가는 길이 멀고도 험했지만 한번 마음먹은 대로 집을 짓겠다는 결심이 나를 기꺼이 움직이게 했다. 나와 비슷한 생각과 결심으로 집을 짓겠다고 나선 이들 20명 내외가 모였다. 전국 곳곳에 같은 생각을 하는 이들이 제법 있다고 생각하니 마음이 든든했다.

목재를 구하러 나선 길은 멀고도 험했다. 처음에는 다른 두 분과 함께 강원도 강릉까지 갔다. 강원도에서 간벌해서 내려온 조선 소나무를 많이 받아 놓았다는 제재소까지 트럭을 타고 갔다. 낙엽송도 있고 소나무도 있었다. 향이 좋았다. 나무만 보아도 욕심이 절로 났다. 그런데 생각보다 값이 비쌌다. 당장 필요하다면 현장에서 계약을 맺어야 했는데, 나는 일단 구경하는 걸로 만족하기로 했다. 계약금도 계약금이지만 수송 문제도 복잡하게 느껴졌다. 지금 생각하면 당시 현장에서 계약을 하는 것이 나을 뻔했다. 집 짓기를 시작하고 기초 공사를 하는 동안 조치원 인근의 제재소를 통해 급하게 나무를 구해야 했는데, 값은 이미 강릉에서 알아보았던 것보다 몇 배 올라 있었다. 게다가 나무가 오랫동안 잘 마른 것인지, 목질이 어떠한지도 중요했다.

다시 집을 지으라 한다면 강원도 현지에서 직접 구하든지 아니면 근처 제재소 중에서도 좀 더 도매상에 가까운 곳을 찾아 구하든지 할 것이다.

귀틀집에는 크게 두 종류의 나무가 드는데, 하나는 귀틀용이나 서까래용이고 다른 하나는 문틀용이나 보, 양 따위에 쓸 것이었다. 문틀용 등으로 쓸 나무는 근처의 제재소를 통해 구했다. 좀 비쌌지만 시간적 여유가 없는데 다시 강릉까지 갈 수 없어 그냥 사기로 했다. 귀틀용은 옛 소련의 툰드라지대에서 온 '소송'이라는 가느다란 소나무를 구했다. 인천에서 그런 나무를 실어다 파는 분을 소개 받아 25톤 트레일러에 가득 실어 왔다. 집터까지 길이 넓지 않았기에 당시 이장님을 찾아가 양해를 구하고 집터 근처의 저수지 옆 공터까지 운반해서 임시로 쌓아 놓은 후 거기서부터 하나씩 나르기로 했다. 저수지 옆까지 오는 것조차 만만치 않았다. 마을 한가운데로는 기다란 트레일러가 통과할 수 없었기 때문에 저 멀리 다른 동네를 거쳐 뒷길로 돌아와야 했는데, 이동하면서 별의별 일이 다 있었다. 때로는 전깃줄이 걸리기도 하고, 때로는 굽은 길을 도는데 운전기사분의 마법 같은 기술이 필요하기도 했다. 차를 몰고 한 걸음 한 걸음 안내하는 길이 그렇게 아슬아슬하게 느껴지기는 처음이었다. 마침내 저수지 옆 공터에 귀틀용 통나무가 트레일러로부터 내려져 쌓였을 때는 나도 모르게 눈물이 나려 했다. 그래서 그런지 지금도 우리 집 귀틀만 보면, 또 어디를 가든 산에 서 있는 소나무만 보면, 혹시라도 가지런히 잘려진 통나무를 가득 싣고 달리는 화물차만 보면, 나도 모르게 가슴이 뭉클해진다.

마침내 1999년 4월 12일음력 이월 스무 엿새에 집터를 마지막으로 다듬은 뒤, 4월 17일음력 삼월 이틀부터 기초 쌓기 작업이 시작되었다. '드디어 꿈에 그리

귀틀집 짓기-내진 설계가 된 귀틀

던 집 짓기를 시작하는구나' 하고 생각하니 감개무량했다. 4월에 한창 피는 자두꽃과 이어서 만개한 복숭아꽃은 '정말 이 곳이 '무릉도원'이 아닐까' 하는 착각을 하게 만들었다. 재미있는 일은 우리 집이 완성되기도 전에 이미 거미나 벌들

이 자기들 집을 먼저 짓고 살고 있다는 사실이었다. 하루는 대목이 "어허, 아직 상량식도 안 했는데 벌이 자기 집을 먼저 짓고 입주식까지 마쳤구먼." 이라며 너털웃음을 터뜨렸다. 우리 모두 기가 막힌다면서도 자연의 생명력에 감탄을 했다. 그러면서 '자연 만물은 식의주 문제를 참 자연스럽게, 소박하게, 돈 안 들이고도 잘 해결하는데 사람들은 괜스레 문명이라는 미명 아래 온갖 제도와 규칙을 만들어 놓고 스스로 얽매여 사는 게 아닌가' 하는 생각이 들었다. 그렇다면 자연을 따라 소박하고 간소하게 살아가기 시작한다면 오늘날 우리가 직면한 많은 사회적 문제들이 술술 풀리지 않을까? 귀틀집 짓기 과정에서 사회를 새롭게 설계할 수 있는 실마리까지 얻다니 정말 소중한 체험이었다.

이어 4월 21일음력 삼월 엿새부터 귀틀을 차곡차곡 짜 올려 드디어 5월 16일음력 사월 이틀엔 상량식을 하게 되었다. 한옥에서 대들보가 보beam 중에서 가장 큰 것을 말하듯 상량上樑은 양樑 중에서 가장 크고 높은 것이다. 상량을 올리던 날은 마침 일요일이라 마산에서 부모님과 작은 형님 내외분도 올라

오셨다. 우리는 읍내 떡집과 시장을 돌며 상량식 고사를 올릴 준비를 알차게 했다. 아내는 상량에다 나름의 붓글씨로 집 지은 과정과 함께 "해님 별님 달님이시여, 이 집에 사는 모든 이들에게 다섯 복 한껏 누리게 하소서."라는 소망을 한 자 한 자 정성껏 써 넣었다. 서울에 있을 때 좋은 선생님으로부터 붓글씨를 잘 배운 보람이 있었다. 드디어 정오경에 일꾼 두 사람이 잘 묶은 밧줄을 끌어당겨 양 쪽 보 위로 명태와 두툼한 실뭉치를 매단 상량을 들어 올리는 순간 모든 참석자들은 환호와 함께 박수를 쳤다. 우리의 귀여운 세 아이들도 엄마, 아빠, 할머니, 할아버지와 함께 "와아" 하고 소리치며 집 짓기의 기쁨을 나누었다. 우리는 대목을 비롯한 7명의 일꾼들은 물론 마을에서 구경하러 올라온 몇몇 주민들과 함께 막걸리와 떡을 나눠 먹으며 조촐한 잔치를 벌였다. 하늘은 유난히도 맑았고 햇살은 따사로웠다. 대목과 일꾼들은 그날까지 두 번째 인건비를 받은 뒤 기분 좋게 3일간 휴가를 떠났다. 지금 생각해도 참 유쾌한 날이었다.

집 짓던 터는 늘 일꾼들로 부산했는데, 상량식 뒤 잠시 모두 휴가를 떠나니 나 혼자 일꾼들의 임시 숙소에서 며칠 지내게 되었다. 한밤중에 홀로 창고 같은 숙소에 누워 별을 보고 있으니 '사람이 산다는 게 별거 아닌데 왜 이렇게 복잡하게 살지?' 라는 생각이 들었다. 따지고 보면 코펠에다 수저만 있으면 먹는 것은 해결되고, 밤이슬만 피하면 숙소가 되며, 춥지만 않게 입으면 옷 걱정 안 해도 되는 것 아닌가? 그런데도 왜 우리는 자꾸만 큰 집을 짓고 비싼 돈을 주고 온갖 쓸데없는 물건들을 사서 쌓아 놓고 살아야 할까? 이런 생각이 드는 순간 이제부터라도 좀 털어내면서 살아야겠다고 다짐했다. 예컨대 노숙자가 저녁 한 끼 해결하고 밤이슬 피할 곳을 찾아 느긋하게 누웠을 때 바로 이런 느낌이 아닐까 싶었다. 내가 살 집을 짓는 과정에서 결국은 '화려한 집보다는 소박한 집을 짓기를 잘했다, 사실은 이것만 해도 정말 과분하다' 이런 결론을 얻게 되었다. 그렇게 훨훨 털면서 좀 가뿐하게 살자고 다짐했지만 나중에 이사를 하고 살면서 다시 제자리로 돌아간 것 같아 반성을 많이 하게 된다.

특히, 이반 일리치Ivan Illich 선생이 '간디의 오두막'을 방문하고 쓴 글에서 "우리가 평생 동안 끊임없이 수집하는 가구나 기타 물품들이 우리에게 내면적 힘을 주지는 않는다."고 하면서 "이 물건들은 불구자의 목발 같은 것이다. 우리가 편의품을 많이 가지면 가질수록 그 물건들에 대한 우리의 의존도는 더욱 커진다."라 통찰한 것을 염두에 둔다면 어떤 외적인 힘에 크게 의존하지 않고 스스로 '자발적 간소함'의 길을 가기 위해서는 부단히 자신을 채찍질해야 함을 알 수 있다. "간디가 살았던 이 오두막보다 더 큰 장소를 갖고 싶어하는 사람들은 마음과 몸과 생활 방식에서 가난한 자들이다." 일리치 선생이 이렇게 말한 것은 "사람들이 소유하고 있는 불필요한 물건이나 상품들은 주위 환경으로부터 행복을 섭취할 수 있는 사람의 능력을 위축시킨다."고 보았기 때문이다. 요컨대 우리는 내면이 공허할수록 소유나 소비를 통해 자신을 드러내려는 경향이 있지 않은가. 정말 내가 그런 것이 아닌가, 하고 부끄러워질 때가 많다.

그렇게 짧지만 유쾌한 '상량식 휴가'가 지나고 이어 지네발과 고미반자지네발 위에 넓적하게 올린 천정, 지붕 작업 등이 진행되었고, 동시에 안벽의 흙이 다 마른 뒤에 바깥벽의 흙도 일일이 흙뭉치를 만들어 하나씩 붙여 나갔다. 조

선 소나무와 칠레산 소나무를 써서 향기로
운 툇마루도 짜 넣었다. 바닥 난방은 태양
열로 할까 고민했으나 난방까지는 어렵고
온수밖에 안 된다 해서 당시로선 남아도는
전기를 싸게 공급한다고 정부 지원금까지
주며 권장하던 심야 전기를 이용하기로 결
정했다. 그것도 온수 호스나 시저 히터

온 식구가 함께 거든 **참여 건축**

sheaths heater, 전기 코일에 덮개를 씌운 난방 장치냐를 고민하면서 여러 군데 자문을 구
한 결과, 강자갈을 두텁게 깔고 그 속에 시저 히터를 넣어 일종의 '자갈 온
돌'을 놓기로 했다.

　지붕 마감은 방수 처리를 한 뒤에 아스팔트 싱글을 올리고, 그 위에다 내
가 직접 충북 보은으로 달려가 하나씩 싣고 온 돌기와를 올리기로 했다. 돌
기와를 올리면 지붕이 잘 보호될 뿐만 아니라 자연미도 빼어나기 때문이다.
아니나 다를까, 돌기와는 아침저녁으로 다른 색깔을 보여 주고, 맑은 날과
비 오는 날도 달랐다. 다만 지붕 작업을 하는 업체에 맡기려다 비용을 너무
많이 요구하는 바람에, 우리 가족들이 힘을 합쳐 그냥 얹어 놓기만 한 상태
라 겨울에 눈이 내렸다 녹을 때면 곧잘 미끄러져 내리는 흠이 있다. 그래서
내가 몇 년마다 한 번씩 지붕에 올라가 지붕 수리 작업을 해야 한다. 지붕에
오르면 색다른 기분이 느껴진다. 새소리나 벌레 소리도 달리 들려 좋지만
동시에 땡볕에 지붕 위에서 작업하는 사람들의 고충이 느껴지기도 한다. 그
렇게 해서 7월 6일, 대목을 비롯한 여러 명의 일꾼들이 지붕까지 모든 작업
을 마무리하고 떠났다. 우리는 대목에 대한 깊은 감사의 의미와 함께 집 지

은 기억을 오래 간직하기 위해 상량에 이은 대들보 한쪽에 '1999. 7. 6. 대목 金容斌김용빈'이라 써 넣었다.

대목 일행이 가시고 난 뒤에도 나는 부엌의 싱크대와 실내 화장실의 타일 공사 따위를 더 해야 했다. 또 한옥 문만 전문으로 만드는 또 다른 대목을 통해 수십 개의 방문과 창문을 만들어 넣어야 했다. 품삯이 많이 들었지만 '돈보다 집이 중요하다.'는 생각에 대목이 원하는 값을 다 드렸다.

마침내 1999년 9월 9일, 그 전날까지 서청주에 살던 우리 식구는 조치원 서당골 귀틀집으로 이사를 들게 되었다. 집 아래쪽으로는 논다랑이가 계단식으로 아름답게 자리 잡고 있었고, 황금색 벼가 해맑은 가을 햇살 아래 따끔따끔 익어가고 있었다. 아름다운 순간들이었다. 얼마 뒤엔 당시까지 마산에 계시던 노부모님도 이사를 왔다. 비록 대문도 없고 울타리도 없는 집이지만 집 짓기와 포장 이사를 모두 돈으로 해결하고 달랑 열쇠만 들고 들어가는 집이 아닌 손수 지은 집, 누가 뭐래도 정말 소중한 우리 꿈의 집이 완성된 것이다. 그렇게 말도 많고 탈도 많던 '21세기' 새로운 밀레니엄이 시작되기 직전, 아내와 나는 세 아이와 함께 알콩달콩 작은 행복을 느끼며 살아갈 살림집을 짓고 새 둥지를 틀게 되었다. 행복한 이삿날이었다.

시골집에 살면서 일어난
생활의 변화

텃밭을 유기 농법으로 일구자니 거름이 필요했다. 실내 화장실은 똥과 오줌이 뒤섞여 물과 함께 정화조로 빠지니 거름이 될 수 없다. 그래서 나는 한편으로 요강을 만들고, 다른 편으로는 실외 화장실을 만들기로 했다. 요강이라면 내가 어릴 적에 어른들이 쓰시던 도자기 요강이 생각났지만 그걸 다시 쓸 수는 없으니 대신 마땅한 것을 찾아야 했는데 마침 페트병이 눈에 띄었다. 때로는 탄산수나 음료수, 때로는 과일주가 담겼던 큰 병이다. 목 부분을 잘 자르면 훌륭한 요강이 된다. 아내와 딸아이는 싫어하지만 큰아이와 막내는 나와 함께 잘 쓴다. 노모도 생전에는 그 요강을 잘 쓰셨다. 물도 아끼고 거름도 만들며 특히 밤에 실내 화장실조차 가기 싫을 때 아주 편했다. 일석삼조였다. 그렇게 해서 비로소 내가 세 명의 아이들에게 밥상머리마다 했던 말, "밥이 똥이고 똥이 밥이다!"가 실제 현실로 될 수 있었다.

그런데 바깥 화장실 만들기는 좀 고민을 해야 했다. 우선 위치는 임시 숙소 옆에 있던 임시 화장실 자리를 쓰면 될 것 같았다. 마당 한쪽 후미진 곳이라 여러 면에서 적절했다. 어떻게 지을까 한창 고민하면서 '생태 뒷간'에 관한 글이나 책을 있는 대로 찾아보았다. 책도 하나 샀다. 이것저것 보면서 연구하다가 가장 간단하면서도 소박한 형태로 짓기로 결정했다. 그것은 바로 '부춛돌식' 뒷간이었다. 우선 집 지을 때 자투리로 남은 큼직한 나무 토막을 부춛돌 삼아 양쪽으로 놓고 사람이 걸터앉게 한다. 가운데 앞으로는 오줌 받을 통을 하나 놓는다. 그 뒤로는 똥을 받아야 하는데 못 쓰는 삽을 손잡이만 반 정도 자른 뒤 잘 받쳐 놓는다. 삽 위에는 왕겨나 재, 부엽토 같은 걸 올리면 된다. 사방을 모두 가릴 필요는 없고 일어섰을 때 배꼽 정도만 되어도 좋을 높이로 남는 합판을 둘러쳤다. 앉았을 때 정면 눈높이에 작은 창을 하나 내기로 했다. 똥 누면서 아침마다 산이나 텃밭 등 경치 구경하기 좋게 하기 위함이다.

그렇게 짓기로 궁리하던 차에 목수 일을 한창 배우던 한 후배요즘 홍천 작업장과 서울 전시장을 오가며 자연미 넘치는 고급 가구를 만드는 '내촌목공소'의 이정섭 목수가 집 구경도 할 겸 우리 집에 놀러 왔다. 그래서 내가 "마침 잘 되었다."며 해우소를 하나 같이 짓자고 했다. 떡 본 김에 제사 지낸다고, 그렇게 후닥닥 일을 서두르게 되었다. 짓는 김에 아예 헛간처럼 해서 오른쪽에는 농기구나 농작물 건조를 위한 공간, 왼쪽은 부춛돌식 뒷간을 배치하기로 했다. 역시 목수는 달랐다. 수평을 잡고 기초를 놓은 뒤 기둥을 올리고 도리와 보를 적절히 올리니 금방 윤곽이 나왔다. 집을 짓고 남은 통나무와 각재긴 원목의 통을 네모지게 쪼개 놓은 재목도 있고, 전기톱도 있으니 별 힘이 들지 않았다. 소박하고 허름하더라도 내가 필요로 하는 공간을 스스로 만드는 것은 큰 기쁨이었다. 지붕

서까래까지 다 짠 뒤, 그 다음 날 후배는 급한 일이 생겨 올라가 버리고 나는 혼자서 지붕 잇기 공사를 했다. 경사가 급하고 '탑 라이트'라는 자재가 미끄러워 작업하는 데 아주 혼쭐이 났다. 자칫 뒷간을 짓다 미끄러져 불구가 될 뻔한 위기의 순간이 여러 번 있었다. 그렇게 해서 사흘 만에 헛간과 뒷간을 뚝딱 해치우고 말았다.

바로 그 다음 날부터 나는 지금까지 이 부춘돌식 뒷간에서 아침마다 똥을 누고 '똥아, 잘 나와 줘서 고마워.'라고 마음의 인사를 한다. 똥을 삽 위에 정갈하게 잘 누려면 조금은 숙달되어야 한다. 처음에는 조준이 잘 되지 않아 엉뚱한 데 누기도 했다. 이제는 거의 정조준이 된다. 아마도 손님들이 나처럼 한번 해 보려 한다면 이 정조준이 가장 어려울 것이다.

삽에 담긴 똥은 뒷간 바로 앞에 만든 거름통 속으로 보내진다. 그 속에는 음식물 쓰레기와 낙엽, 닭똥, 강아지 똥, 부엽토, 풀, 왕겨, 재 따위가 뒤섞여 내 똥과 함께 퇴비로 변한다. 오줌은 별도의 통에 모으는데, 미리 똥 누러 갈 적에 실내에 모아 놓은 오줌 요강을 잘 들고 가서 뒷간 한쪽의 큰 통에 붓고 뚜껑을 닫는다. 어느 책에서 똥은 호기성 발효가 되고 오줌은 염기성 발효가 된다고 해서 오줌통은 뚜껑을 씌웠다. 신기하게도 오줌이 잘 삭으면 아버지로부터 물려받은 똥바가지로 오줌을 퍼도 암모니아 냄새가 하나도 나지 않는다. 그냥 곰삭은 듯 풋풋한 냄새만 난다. 자연의 향이 원래 그런 것이던가.

그렇게 해서 '밥이 똥이 되고 똥이 밥이 되는' 순환형 살림살이가 가능해졌다. 요컨대 요강이 있고 해우소가 있으며 거름간이 있고 텃밭이 있으면 순환형 살림의 기본은 갖춰진 셈이다. 강아지나 닭, 고양이가 있으면 그 똥

부춛돌형 뒷간(해우소) 내부

도 좋다. 특히 닭똥은 유기물이 많아 좋은 거름이다. 언젠가 안도현 시인이 "연탄재 함부로 차지 마라, 너는 누구에게 한 번이라도 뜨거운 사람이었느냐."고 내 가슴을 뜨끔하게 한 적이 있지만, 나무를 태운 재 역시 마찬가지다. 오히려 더 오랫동안 뜨거운 사랑을 베푼다.

쉘 실버스타인Shel Silverstein의 동화 『아낌없이 주는 나무』처럼 나무는 그네가 되기도 하고 열매를 가득 선사하기도 하며 집이나 배를 만들 재료가 되기도 한다. 나중에 그루터기만 남아도 쉼터가 되어 준다. 심지어 내가 마당에 작은 솥을 걸어 놓고 장작불을 때거나, 감나무나 대추나무를 가지치기 한 뒤 베어 낸 가지를 잘 말려 불을 때면 회색빛 재로 변해 좋은 유기농 거름이 된다. 재로 변한 나무를 가만히 보노라면 '나도 나중엔 재가 되어 좋은 거름으로 돌아가야 할 텐데' 하는 생각이 들기도 한다.

집을 짓고 난 뒤 처음에는 그윽한 소나무 향이 아주 좋았다. 이제 우리는 익숙해져서 그런지 잘 못 느끼는데 가끔 손님이 오면 나무 향이 좋다고 한다. 아무래도 처음보다는 약해졌겠지만 시멘트로 지은 집에 비해서 자연의 향이 우러나는 건 분명하다. 아내는 요즘도 벽에 하얀 한지나 닥종이를 바르자고 하지만 나는 나무와 흙이 벽에 그대로 보이는 게 좋다. 벌레도 많이 나오고 흙도 조금씩 떨어지긴 하지만 모두 자연이라 생각하며 그렇게 지낸다.

　시골에 집을 짓고 생활을 한다는 것은 결국 겸손하게 더불어 살기를 배우는 과정이다. 한번은 안방에 지네 한 마리가 나와 기겁을 한 적도 있고, 또 한번은 부엌에 생쥐가 들어와 새까만 눈을 내 눈과 맞추는 걸 보고 웃은 적도 있다. 지네는 요강으로 쓰는 페트병에 들어가게 잘 유도한 다음 닭에게 포식을 시켜 주었다. 쥐는 직접 잡을 수 없어 끈끈이액을 사다가 몇 마리 잡기도 했는데 나중엔 고양이를 기르기 시작했더니 깨끗이 사라졌다. 여름에는 모기가 제법 많아 헌혈을 좀 하는 편이다. 모기는 특히 내 피가 맛있는지 잘 문다. 조안 엘리자베스 록Joanne Elizabeth lauck 의 『세상에 나쁜 벌레는 없다』를 보면 우리가 무서워하거나 혐오하는 온갖 벌레나 동물들도 모두 영혼이 있는 거룩한 존재라 한다. 만일 인간이 자신의 내면 깊이 억압된 어두운 면을 그런 존재들에게 '투사'하여 나쁜 딱지만 붙이지 않는다면 그들과 얼마든지 공생할 수 있다고 한다. 시골 생활에 익숙해짐과 더불어 그런 좋은 책을 통해 성찰함으로써 갈수록 자연과 더불어 사는 법, 친구가 되는 법을 구체적으로 배우는 것 같다.

　일례로 나는 자랄 적에 사마귀만 보면 기겁을 했던 기억이 있다. 특히 또래 아이들 사이에 '사마귀가 눈을 빼 먹는다'는 소문이 돌면서 정말 무서운 곤충이라는 생각이 박혔다. 그러나 그 책을 보니 그렇지 않았다. 오히려 암수 사마귀가 교미를 하다가도 암컷에게 양분을 주기 위해 수컷이 암컷에게 온몸을 먹이로 바친다고 한다. 교미 도중에 암컷이 수컷을 잡아먹다니, 일견 엽기적이다. 아마도 이것이 와전되어 아이들에게 괴상한 소문으로 전해진 것 같다. 사실 수컷 사마귀의 숭고한 희생이나 암컷의 후손 잇기 노력은 모두 자연의 끈질긴 생명력을 표현하는 아름다운 모습들이 아니고 무엇인가? 그런 생각을 하게 된 뒤로 나는 이제 사마귀를 보게 되더라도 그렇게 무서워하지도 않고 겁에 질려 죽이려 들지도 않는다. 어느덧 '친구'가 된 것일까?

한국 사회의 '집'
개념 다시 보기

2008년 12월 말에 흥미로운 통계 하나가 발표되었다. 그것은 국토부가 발표한 새로운 주택 보급률인데, '1인 가구와 다가구 주택 구분 거처를 반영한 결과' 2007년 말 기준 한국의 주택 보급률은 기존에 알려졌던 108.1퍼센트보다 훨씬 낮은 99.6퍼센트라는 것이다. 주택 보급률이란 가구 수 대비 주택 수를 말하는데 100퍼센트를 초과하면 주택이 더 많은 것이고, 그 미만이면 주택이 모자라는 상태다. 2008년 말 발표에서 예전과는 달리 100퍼센트 미만이라는 통계가 나왔기 때문에 건설 자본 및 '개발 동맹' 세력의 이해를 적극 대변하는 보수 언론은 이를 근거로 일제히 "아직 더 많은 주택 공급이 필요하다."는 식으로 여론을 몰아가려 했다.

그간 정부는 "한국의 주택 보급률은 108.1퍼센트로, 프랑스 120.5퍼센트를 제외하고는 미국 108.5퍼센트, 영국 105.2퍼센트 등 선진국과 비슷한 수준"이라는 말을 되풀이해 왔다. 그런데 2008년 말 발표에서 다른 나라는 그대로인데 한국만 갑자기 99.6퍼센트로 바뀌었다. 그 이유는 가구 수는 늘리고 주택 수는 줄였기 때문이다. 특히 약 11만 명이 사는 주거용 오피스텔을 주택 수에서 제외한 것이 결정적이었다. 물론 기존 통계에 포함된 오류[1] 인 가구를 가구 수에서 제외, 다가구 주택을 소유권 기준으로 1주택으로 간주 등를 시정하고 주거용 오피스텔을 포함하면 2007년 전국 주택 보급률은 103퍼센트를 초과한다. 즉 1인 가구의 주택 수요를 충족하고도 집이 40만 채 이상 남아돌 것으로 추정된다. 진실이 이러한데도 새 정부의 발표에선 실제보다 주택 보급률이 훨씬 낮다. 그래야 "집을 더 지어야 한다."는 주장에 힘이 실리기 때문인가?

그러나 여기서 주택 시장을 경제 원론적인 수요와 공급 법칙으로 해결하려는 발상은 순진하거나 사기에 불과함을 짚어야 한다. 주택 시장은 자본주의 사회에서 '부익부 빈익빈' 현상이 가장 강한 부문 중 하나다. 있는 사람은 갈수록 돈을 많이 벌어 집을 많이 소유할 수 있고, 없는 자는 오르는 전세금이나 월세 탓에 부단히 떠돌이 생활을 해야 하기 때문이다. '집 없는 서러움'이다. 게다가 부동산 가격이 갈수록 치솟는 상황에서는 '정상적으로' 일을 해서 돈을 모아 집을 한 채 장만하는 것은 거의 꿈같은 일이 된다. 때문에 필연적으로 투기나 한탕주의가 조장된다. 물론 여기서 '성공'하는 자들은 대개 성실하고 착한 사람이기보다는 좀 약삭빠른 사람들이다. 그런 사람들이 부자가 되고, 더 큰 부자가 되기 위해 권력에 빌붙으면서 강자의 논리를 내면화한다. 이런 점을 고려할 때 집을 아무리 많이 지어 봐야 소수의 부자들이 집을 대량으로 소유할 수 있는 한, 공식적으로 주택 보급률이 아무리 100퍼센트를 초과해도 여전히 '집 없는 서러움'을 겪는 사람들은 늘 수밖에 없다.

따라서 소수의 부자들이 집을 여러 채 보유하고 나아가 집을 재산 증식의 수단으로 삼는 한, 아무리 집을 많이 지어도 골고루 집을 가질 수는 없다. 역으로 공식 주택 보급률이 100퍼센트를 넘었는데도 여전히 "집이 모자란다."고 아우성치는 것은 한국 사회 경제의 20퍼센트 정도를 차지하고 있는 건설업 분야를 의식적으로 지원하려는 의도가 깔렸다고 볼 수 있다. 특히 한국 정치는 조직 관리나 지지 세력 관리, 선거 비용 등의 차원에서 돈이 많이 드는데, 그 천문학적인 돈은 대부분 건설업 등에서 조성된 비자금에 기원을 두고 있다는 사실을 상기할 필요가 있다.

최근의 미국 경제 역시 주식 거품, 정보 기술 거품에 이어 부동산 거품에 의존하다가 마침내 2008년 가을 '리먼 브라더스'와 같은 투자 은행의 파산 사태를 맞았다. 건설 자본은 은행으로부터 거액의 돈을 빌려 투기성 주택을 대량으로 짓고, 사람들은 은행에서 돈을 빌려 집을 사면서 집을 저당잡힌다. 은행은 그를 근거로 새로운 파생 상품을 만들고 이를 전 세계 투기꾼들에게 판다. 집을 구입한 사람들은 집값이 오르면 팔아서 빚을 갚고 차액을 남긴다. 새로 집을 산 사람들 역시 몇 년 이후에 집값이 오를 것을 기대하고 은행에서 빚을 내어 집을 산다. '누이 좋고 매부 좋은' 이 게임이 계속되려면 두 가지 조건이 필요하다. 하나는 집값이 계속 올라야 한다는 것, 둘은 집을 사고자 하는 사람이 계속 나와야 한다는 것. 그러나 이 두 조건이 충족되지 못하는 순간 모순은 폭발하고 연쇄 반응이 일어난다. 리먼 브라더스 파산 이후의 일련의 과정들이 바로 이를 증명한다. 이 파산 사태의 물결은 비단 미국의 금융업에만 타격을 준 것이 아니라 실물 경제, 그것도 범지구적인 금융 및 실물 경제 전반에 치명타를 안겨 주었다. 물론 이는 그 이전부터 누적된 문제들(소유의 사적 성격과 생산의 사회적 성격 사이의 문제, 생산과 소비의 격차가 갈수록 커지는 문제, 돈벌이 경제와 살림살이 경제의 대립 문제 등)이 특정 계기로 전면화한 것에 불과하다.

혹자는 이렇게 말한다. 주택 투기 문제나 가격 폭등 문제를 예방하려면 보유세 등 세금을 강화하거나 아파트 건설의 경우 분양 원가를 공개함으로써 해결이 가능하다고 말이다. 또 해외 건설업에 시장을 개방하자는 주장도 있다. 물론 보유세 강화나 분양 원가 공개는 사태가 악화되는 것을 어느 정도 줄일 수 있고, 해외 건설 자본에게 시장을 개방하는 것도 국내 건설 독점 자본의 횡포를 어느 정도 줄일 수 있을 것이다. 그러나 갈 길은 더 멀다.

한편, 싱가포르식 공공 주택 정책처럼 건설족이 발을 못 붙이게 함으로써 국민의 90퍼센트 이상이 공공 아파트에서 살지만 투기는 막는 방법도 있다. 싱가포르는 1960년에 주택개발청이 '토지 공개념'에 근거해 토지를 국가가 수용하여 국유화한 뒤 공공 아파트를 지어 서민과 중산층에게 저렴하게 분양했다. 그 집을 팔 때에는 반드시 정부에 되팔도록 해서 '주택 전매 금지-주택 환매 제도'를 실시했다. 공공 아파트는 국민연금 격인 중앙 연금 준비 기금으로 지어져 민간 아파트 값의 45퍼센트 수준인 염가에 분양됐다. 결국 국민들은 부정부패 없는 나라에서 저렴한 주거비로 생활이 가능해져 삶의 여유를 찾을 수 있었다. 이렇게 싱가포르 같은 공공 주택 개념을 도입하는 것 외에 독일이나 쿠바와 같은 사회 주택 중심으로 주거 관계를 재창조하는 것도 하나의 대안이 될 수 있다.

그러나 이러한 제도가 정착하려면 우리는 땅과 집에 대해 보다 근본적인 접근을 해야 한다. 궁극적으로 부동산 투기를 예방할 수 있는 근원적 장치는 땅과 집을 '탈상품화'하는 것이기 때문이다. 원래 땅은 상품이 될 수 없다. 왜냐하면 땅과 집은 소유의 대상이라기보다는 삶의 토대이기 때문이다. 집을 재산 증식의 수단이나 투기의 대상으로 볼 것이 아니라 주거(더불어 삶)의 의미나 삶의 기본 조건으로 보아야 한다. 설사 집을 종이컵처럼 많이 만들어 모든 사람들이 제각기 하나씩 자기 집을 소유한다 해도(주택 보급률이 명실상부한 100퍼센트가 되는 것) 그것이 행복의 충분조건은 될 수 없다. 또 지금의 현실에서는 그렇게 모든 사람에게 집을 한 채씩 줄 수도 없다. 공간적 한계뿐만 아니라 사회 구조적 불평등 때문이다. 예컨대 2005년 초 네 살배기 아기가 지독히 가난한 가정에서 먹을 게 없어 굶어 죽는 사고가 발생하는 한편, 같은 시기 서울 강남에서는 평당 2000만 원짜리 아파트가 불티나게 팔리는 것이 '20 대 80사회'의 현실이다.

이런 점에서 우리는 1854년 미국의 원선주민이던 시애틀 추장의 편지에서 드러나는 땅과 사람 사이의 근원적 일체감을 회복해야 한다. 과연 이 근원적 일체감이란 무엇일까? 그 편지의 일부를 보자.

"그대들은 어떻게 저 하늘이나 땅의 온기를 사고 팔 수 있는가? 우리로서는 이상한 생각이다. …우리는 땅의 한 부분이고 땅은 우리의 한 부분이다. 향기로운 꽃은 우리의 자매다. 사슴, 말, 큰독수리, 이들은 우리의 형제들이다. 바위산 꼭대기, 풀의 수액, 조랑말과 인간의 체온 모두가 한 가족이다. …우리는 안다. 땅은 사람 것이 아니라는 것을, 사람이 땅에 속한다는 것을. 모든 사물은 우리 몸을 연결하는 피처럼 서로 연결되어 있다. …우리는 결국 형제들이다."

약 150년이 지난 지금, '땅을 사고파는 것'은 우리에게 전혀 어색한 일이 아니다. 그러나 시애틀 추장은 묻는다. "어떻게 땅과 하늘을 사고 팔 수 있는가?" 바로 이러한 정서와 철학이야말로 우리로 하여금 더 이상 집과 땅, 재산과 소유의 감옥에 갇히지 않고 진정으로 자유로운 삶을 살 수 있게 해줄 바탕이 된다. 2008년 초 국보 1호 숭례문의 붕괴나 2008년 9월 미국 리먼 브라더스의 파산도 따지고 보면 우리가 땅을 돈벌이의 수단으로, 이용과 개발의 대상으로 삼는 삶의 방식 때문에 생긴 것이 아니던가. 이런 점에서 숭례문을 그대로 복원하고, 투자 은행과 주식이 바닥을 친 후 또다시 하늘로 치솟는다 하더라도 우리가 집이나 땅에 대해 근원적 관계를 회복하지 않는다면 제아무리 요란한 제도나 정책이 나온다 하더라도 여전히 투기와 탐욕은 판을 칠 것이고, 사회 양극화는 막지 못할 것이다. 과연 우리는 이 근본적인 태도 전환에 관심이 있기나 한가?

마을 사람들과 관계 맺기 –
대학교수가 이장이 된 까닭

지금 우리 가족이 사는 집은 조치원 신안 1리에 속한다. 생판 낯선 곳에 터를 잡고 집을 짓고 살자니 어색한 점이 많았지만, 내가 인근의 고려대 캠퍼스에서 대학생을 가르치는 선생이고 이 마을에 정착하기로 한 이상 스스로 마을 사람이 되도록 노력해야 했다.

가장 먼저 마을 사람을 만난 것은 아무래도 토지 거래 허가 때문에 당시 마을 이장님을 만난 때였다. 이장님이 농지 위원이기 때문에 농지 거래 시 과연 투기 목적이 아니라 실제로 살거나 농사를 짓고자 하는 것인지를 확인해 주어야 했다. 이장님 도장이 그렇게 중요한지 그 이전엔 미처 몰랐다. 인근 마을에 있는 이장님 댁도 물어물어 찾아가 확인 도장을 받았다. 젊은 사람들도 시골 마을을 떠나는 마당에 인근 대학의 교수 가족이 '반 귀농'하여 집도 짓고 부모님을 모시고 텃밭 농사지으며 살겠다고 하니 반가운 일이 아닐 수 없었을 것이다. 사실 한국 사회는 1960년대 이후 해마다 수십만 명씩 이농향도를 해서 이제는 농촌에서 아이들 소리를 듣기 힘들지 않은가? 갈수록 농촌 인구는 고령화하고, 노소를 가리지 않고 사람 구경하기가 어려워지고 있다. 이런 시기에 임시 거주자도 아닌 영구 거주자를 자처하는 한 가족이 3대나 몰려온다니, 보통 사람의 눈으로는 '오래 살다 보니 참 희한한 일도 다 있구나' 싶을 지경이었으리라.

그러나 복숭아꽃, 살구꽃, 배꽃이 만발했던 신안 1리 마을은 이미 1980년대에 고려대 캠퍼스가 서고, 1989년에 홍익대 캠퍼스가 서면서 전형적인 시골 마을 티를 벗기 시작했다. 물론 내가 집을 지을 때나 그 이후 2005년까지만 해도 봄이면 복숭아꽃이나 배꽃이 흐드러지고 가을이면 황금빛 나락이 무르익는 아름다운 풍경이 펼쳐졌다. 그러나 이제 분홍빛 어여쁜 복숭아꽃이나 하얀 배꽃은 보기 어렵다. 2005년부터 갑자기 고층 아파트 사업이 진행되더니 지금은 복숭아 과수원도, 나락이 황금벌판을 수놓는 논들도 구경하기 어렵게 되었다. 흉물스런 시멘트 덩어리가 전원적이었던 마을 전체를 거의 완벽하게 망가뜨리고 말았다.

내가 마을 사람들과 완전히 어울리게 된 것도 바로 고층 아파트 '덕'이었다. 2005년 3월에 「행정도시 특별법」이 통과되자마자 아파트 시행사가 그동안 물밑 작업을 하며 우왕좌왕하던 고층 아파트 사업을 본격 전개하기 시작했다. 그 징후를 알고 내가 나서면서 마을 사람들을 두루 만나게 되었다. 마을 총회를 열고 고층 아파트 문제를 공론화하니 주민들이 당시 이장더러 "이장이 아파트 사업이 진행되는 줄도 모르고 있었느냐? 왜 주민들에겐 아무 의견도 물어보지 않느냐? 강 교수가 아니었다면 우리가 어떻게 알겠느냐?"고 따지기 시작했다. 그러던 중 내가 군청에서 확인한 결과, 대개 아파트 사업을 하려면 토지 용도가 '제2종 일반 주거 지역대체로 15층 정도 건축 가능'이어야 하는데, 2003년도 군청 계획으로는 '제1종 일반 주거 지역4층 이하 건축 가능'이었음을 알게 되었다. 그 내용이 여러 절차를 거쳐 이미 도청으로 올라간 상태였는데, 최종 결정되기 직전인 2004년 6월, 당시 이장이 민원서를 올려 "제1종지가 되면 마을 발전과 지주들 재산상 손해가 있으니 (아파트 사업이 가능한) 제2종지가 되어야 한다."고 요구했음을 알게 되었다. 그 민원서에 도장을 찍은 7명의 마을 주민들에게 일일이 전화를 드리니 "아니, 무슨 그런 일이?"라며 금시초문이라는 것이었다. 순간 나는 '아하, 바로 이것이로구나.'하고 마을 총회를 열게 해서 당시 이장의 민원서가 아파트 사업을 비밀리에 진행하기 위해 허위로 작성된 것임을 폭로하고 말았다. 2005년 5월 중순 경이었다. 그렇게 해서 나는 마을 사람들과 떼려야 뗄 수 없는 관계가 되고 말았다.

그 이전에 나는 비교적 조용히 산 편이었다. 딱 한 번, 집 지은 직후인 2000년경 마을 뒷산에 초고압 송전탑이 선다 하여 주민 설명회 자리에 참석해 국내외에서 수집한 갖은 자료를 바탕으로 "우리 마을을 송전탑이 둘러싸게 된다면 주민과 고려대에 막대한 피해를 줄 것"이라고 항의하며 관련자들을 호되게 꾸짖어 그 사업을 막은 적은 있었다. 아마도 그 바람에 마을 사람들은 "아, 저 사람이 새로 집을 짓고 사는 고대 교수라는 이로구나." 하고 여겼을 터이다. 그 외엔 학교와 집, 텃밭을 오가며 조용히 살았다. 집에서 약 500미터 떨어진 가장 가까운 이웃집 형님 내외분과는 마음이 통하는 사이였다. 그 분들도 전원 풍경이 좋아 1990년대 초부터 기존 마을 중심가와는 좀 외딴 곳에 집을 짓고 살고 계신 터였다. 봄이면 약 2킬로미터 떨어진 유치원과 초등학교를 걸어 다니던 우리 아이들에게 빨간 앵두를 따 먹고

가라 하시기도 하고, 초여름이면 뽕나무 오디를 따다 주시기도 했다. 가끔 이웃집 형님이 우리 집에 올라오시면 어머니와 함께 이런저런 이야기를 하시며 담배를 나눠 피우기도 했다. 시끌벅적한 도시는 싫고 자연이 좋아 외딴집에 사신다는 형님 내외분은 마치 내 고향의 형님 가족처럼 느껴졌다. 자연 풍경이 그 자체로 좋다는 말씀이 '어쩌면 우리와 마음이 같을까' 하며 내심 기뻤다.

실은 2005년 5월, 아파트 사업과 관련해 마을이 발칵 뒤집어지기 이전만 해도 나는 당시 이장과 친한 사이였다. 나는 늘 "이장님, 수고 많으십니다."라고 정중히 대했다. 가끔 마을회에 찬조금도 냈다. 그이도 최소한 겉으로는 나를 존중하는 듯했다. 그러나 지금 생각하면 그는 나를 겉으로만 그렇게 대했지 속으로는 "자연이 좋아 이곳에 이사 왔다."는 우리 가족을 완전히 멍청이로 알고 있었음에 틀림없다. 그렇지 않다면 내가 늘 "우리 마을 전원 풍경이 너무 좋은데, 혹시라도 나중에 개발이 된다 해도 아파트 같은 것 말고 '전원 단지' 같은 것이 오면 좋겠다."고 했을 때 "나도 정말 자연을 좋아한다."고 맞장구를 쳤을 리가 없다. 그러던 이가 아파트 사업을 위해 완전 조작된 민원 서류를 만들어 결국 마을 전체를 쑥대밭으로 만들고 만 것이다. 2007년 여름에 돌아가신 어머니가 늘 말씀하시던, "열 길 물속은 알아도, 한 길 사람 속은 모른다."는 말씀이 딱 들어맞는 순간이다.

그리고 당시만 해도 우리 집 좌우가 모두 복숭아 과수원이었기 때문에 거기서 일하시던 마을 노인 내외분, 그리고 집 아래쪽 논농사용 방죽이 있는 인근에서 복숭아 밭을 경작하던 아저씨 내외분과도 자주 뵙다 보니 친분이 좀 쌓였다. 가끔은 우리가 시원한 음료수를 드리기도 하고 자두가 나오거나 탐스럽게 잘 익은 복숭아가 나오면 한두 박스씩 사 드리기도 했다. 정말 현지에서 '꿀복숭아 사 먹는 맛이 이것이로구나' 하는 감탄이 절로 나올 정도로 맛이 좋았다. 그 외 마을 분들은 간간이 우리 집 구경을 하러 오시거나 가끔 지하수 물을 뜨러 오실 뿐이었다.

그러다가 2005년 5월에 그 허위 민원서가 들통 나면서 나와 주민들과의 관계는 완전히 바뀌게 되었다. 주민들이 마을 총회에서 나를 새 이장으로 추대하는 바람에 내가 이장이 되고 말았다. 2005년 5월 24일이었다. 그것도 '신안리 고층 아파트 반대 주민 대책위 위원장' 자격이었다. 평소에 대학 일도 많고 외부 강의도 많은 내가 이장 일까지 하기엔 시간이 없다고 해도 막무가내였다. 이장직을 내걸고 아파트 반대 싸움을 이끌어야 힘이 생긴다는 논리였다. 생각해 보니 그것도 맞는 말이었다. 그래서 "여러분이 저와 함께 아파트 반대 투쟁을 같이 한다는 전제하에 이장직을 수락하겠습니다."라고 마을 회의에서 크게 말했다. 당시 마을 회의치고 가장 많은 사람들이 모인 자리에서 주민들은 열광적으로 손뼉을 쳤다.

내가 이장이 된 것을 고깝게 생각하는 사람들은 "굴러 온 돌이 박힌 돌을 밀어냈다."고 떠들고 다녔다. 그 말에 나와 함께 새로 일하게 된 사무장 아주머니는 "아, 박힌 돌이 제대로 해야 굴러 온 돌이 가만히 있지."라며 유쾌하게 맞받아쳤다. 맞는 말이었다. 그러면서도 나는 굴러 온 돌이니 박힌 돌이니 하는 것 자체가 이미 일정한 '폐쇄성'을 드러내는 말이라 느낀다. 따지고 보면 이 세상에 굴러 오지 않은 돌이 어디 있으랴? 구르던 돌이 한 자리에 박힐 수도 있고, 박힌 돌이 얼마든지 굴러다닐 수도 있지 않은가? 바로 이런 시각으로 국제 이주민 문제나 지역주의 문제도 새롭게 바라보면 문제는 의외로 간단히 풀린다. 내국인과 외국인, 원주민과 타지인을 나누고 차별하는 데서 온갖 문제와 상처가 생기는 것이 아닌가? '이 세상 모든 사람이 주인이자 손님'이라는 시각을 갖게 되면 문제 해결은 의외로 쉽다. 주인이라는 말은 책임성 있게 살아야 한다는 것이고, 손님이란 집착을 버리고 살자는 뜻이다. 아무튼 역설적이게도 마치 베를린 장벽처럼 우리 집과 마을 중심가 사이를 완전히 가로막아 숨 막히게 만든 고층 아파트가 오히려 나를 신안 1리의 진짜 주민으로 만들었다. 투쟁이 나를 진짜 마을 사람으로 세운 것이다.

그렇게 해서 이장이 된 나는 2005년부터 2008년까지 마을 주민들과 함께 고층 아파트 건설을 막고자 사법적, 행정적으로 이리 뛰고 저리 뛰어 보았지만 별 성과는 없었다. 2005년 봄, 복숭아꽃이 만발했을 때 (비록 내 소유의 과수원은 아니었지만) 복숭아나무 앞에서 속으로 '내가 너를 꼭 지켜 주마.'라고 다짐했지만 모두 물거품이 되고 말았다. 2006년 어느 날 학교에 갔다 오니 그 복숭아 과수원의 모든 나무가 마치 전쟁터를 방불케 하는 모습으로 완전히 잘려져 누워 있었다. '아, 이라크 전쟁터가 바로 이런 모습이겠구나' 하는 생각이 들었다. 허연 시멘트 덩어리들이 그 자리를 떡하니 차지하고 서 있는 지금, 아직도 나는 그 나무들에게 너무나 죄스럽고 미안한 마음이다. 그렇게 아파트 사업은 강행되었고, 주민 민원을 반영한답시고 동 개수를 줄이는 대신 오히려 층수는 최고 20층까지 올라갔다. 그 20층 건물이 우리 집에서는 정면으로 보인다. 아마도 저들이 설계 변경을 할 적에 내가 얄미워서라도 우리 집에서 볼 때 한복판에 가장 높은 건물을 세우도록 했을지 모른다.

한편 마을 주민들은 소음, 분진, 진동, 균열, 지하수 오염 등 생활 민원 제기를 하고 보상을 청구했으나 만족할 만한 조치는 나오지 않았다. 민원이 하도 거세게 일어나니 한때는 군 의회 의장을 비롯한 의원들도 여럿 다녀갔지만 그 뒤로 아무 이야기도 듣지 못했다. 모두 생색만 낸 셈이었다. 그러면서도 뭘 하려고 그러는지 우리만 보면 한사코 악수를 청한다(그래서 나는 철학과 소신도 없이 정치를 하겠다고 나선 사람들만 보면 심한 구역질이 난다.).

건설사는 1000세대에 가까운 아파트를 지으며 2008년부터 거창하게 모델 하우스를 짓고 분양을 시작했으나 가엾게도 분양률은 불과 2퍼센트였다. 완전한 실패였다. 수요 예측의 실패, 즉 투기 수요가 거의 없을 뿐 아니라 "자연의 숨 쉬는 공기를 찾는 당신"이라는 둥, "에코 프로젝트" 등의 허위 과장 광고와는 달리 아파트 단지 구성조차 무엇 하나 매력적인 데가 없기 때문이었다. 그 좋던 전원 풍경을 비밀리에 허위 서류 작업해서 고층 아파트 단지로 둔갑시킨 뒤 모두 망가뜨려 놓고 "에코 프로젝트"라니 정말 우습고도 허망하다. 마침내 그들은 2009년 5월 말, 공식적으로 아파트 건설 공사를 중지하고 "향후 2~3년간 기다리며 추이를 보겠다."는 소문만 남기고 철수해 버렸다.

파괴적인 프로젝트가 없었더라면 아름다운 꽃들이 수를 놓을 계절에 돈벌이에 혈안이 된 세력들은 그렇게 물러나고 말았다. 그리고 흉물덩어리와 망가진 마을만 남았다. 이제 저 흉물덩어리는 우리 마을 입장에서 보면 엄청나게 값 비싼 상처의 흔적으로 남았다. 전국에서 난개발이나 투기성 아파트 단지 공사로 고통을 겪는 이웃들이여, 우리 마을로 오시라. 그리고 똑똑히 보시라. 난개발과 투기성 건설 공사의 결말이 어떠한지를. 이제 그 아파트 주위에 살며 일조권, 조망권, 환경권을 침해당해 고통 받는, 나를 포함한 우리 신안 1리 마을 주민들에 대해 과연 누가 나서서 진심으로 사죄할 것인가? 과연 누가 나서서 저 흉물덩어리를 깨끗이 허물고 대신에 '창조적 대안'으로 주민들이 진정 원하는 것, 지역에 꼭 필요한 것(예컨대 생태적 대학문화타운)을 만들 것인가?

세종시 원안 추진이
필요한 까닭

　　　　　　　세종시 문제로 나라가 시끄럽다. 도대체 세종시 논란은 왜 생기는가? '세종특별자치시'는 원래 노무현 대통령의 참여정부 시절 '행정수도' 옮기기 구상에서 출발하여 '관습헌법'에 따른 위헌 판결을 거쳐 '행정도시'로 결론이 난 구상이다. 게다가 이명박 대통령은 대선 후보 시절인 2007년 11월 28일, 충남 연기군 행정도시건설청을 방문한 자리에서 "대통령이 되면 행정도시 건설은 정책의 일관성 측면에서 예정대로 추진할 것임을 분명히 한다. '이명박표 세종시', '명품 첨단 도시'가 되도록 혼신의 노력을 다하겠다."고 약속한 바 있다. 당연히 그 속에는 9부 2처 2청이라는 행정부처가 대거 이동하는 내용이 포함되어 있었다. 나아가 "세종시의 자족 능력 강화를 위해 세계적 국제 과학 기업 도시 기능을 더해 제대로 된 도시를 만들겠다."고 말해, 충청권 지역 민심을 사로잡기도 했다.

　　그러나 2009년 9월에 새로 등용된 정운찬 총리는 지금까지 "세종시 총리"라는 별칭까지 얻을 정도로 '행정부처가 빠진' 세종시를 만드는 데 전념

해 왔다. 그가 9월 3일 개각을 발표한 직후 내뱉은 말은 "경제학자의 눈으로 봤을 때 세종시는 효율적인 플랜이 아니다. 원점으로 되돌리기도 어렵지만 기존 원안대로 다하는 것도 쉽지 않다." 였다. 전국적인 논란과 비판이 일자 청와대는 급한 불을 끄기 위해 "정운찬 총리 지명자의 발언은 어디까지나 개인적인 사견에 불과한 것으로 세종시와 관련해 현재 어떤 논의도 하고 있지 않다."고 해명했다. 그러나 그것은 눈 가리고 아웅하는 격이었다. 이명박 정부의 본심이 드러나는 데는 채 몇 달이 걸리지 않았다.

마침내 2010년 1월 11일, (공주 출신인) 정운찬 총리가 앞장서서 '행정 중심 복합 도시'라는 세종시의 내용을 '경제 중심 과학 기술 도시'로 수정하겠다고 공개 발표했다. 이는 행정부처가 대거 이전하는 것을 핵심으로 하던 행정도시(세종시) 구상을 본질적으로 바꾸는 것이다. 2010년 6월 2일 지방 선거에서 민심이 '세종시 수정안 반대'로 확인되자 대통령은 국회 표결에 따르겠다고 공을 넘겼고, 그 직후인 6월 21일에 정 총리는 "시간에 쫓겨 급하게 표결 처리하고 끝내진 않겠다."고 했다. 다양한 사회 문화적, 복지적 예산은 줄이고 무려 22조 원에 이르는 혈세로 '4대 강 사업'은 강행하면서, 대선 공약 사항이기도 한 세종시 원안 구상을 찬밥 신세로 만들려 하는 것이다. 우리는 과연 누굴 믿어야 하는가? 이 시점에서 세종시 구상이 원안대로 추진되어야 할 다섯 가지 이유를 정리해 보자.

첫째, 이것은 국가 차원의 '공적인 약속'이었다. 전직 대통령의 국책 사업이었고 현직 대통령의 공약이기도 하다. 사적 약속도 어기면 법에 따라 판단한다. 공적 약속은 국민 전체와의 약속이다. 이를 어기면 법으로도 해결할 수 있지만 더 무서운 표심으로 결판이 난다.

둘째, 대통령이 내세운 구호가 "경제를 살리자!" 였다. 도대체 경제란 무엇인가? 경세제민 經世濟民의 약자이다. '세상을 잘 다스려 백성들이 잘 먹고살도록 돕는다.'는 뜻이다. 그렇다면 세종시 구상은 백성을 살리고 지역을 살리고 더불어 잘 사는 나라를 만들기 위한 시금석이 아니던가? 사람들이 굳이 서울로 몰리지 않더라도 주거, 교육, 직장, 문화, 생태를 고루 누릴 수 있는 나라를 만드는 것, 지방 분권화를 실질적으로 촉진하는 살림살이 경제, 이것이 지난 대선에서 대다수 국민이 대통령에게 '위임'한 과업이 아닌가.

셋째, 세종시의 본래 구상은 '국토 균형 발전' 전략에서 나온 것이다. 도대체 균형 발전이 왜 필요한가? 나라의 장래를 위해서다. 현재 서울과 수도권은 과잉 비대하고 그 외 지역은 고사 직전이다. 한마디로 사회 경제적 '양극화'다. 양극화 속에서는 경제적 합리성도, 사회적 합리성도 추구하기 어렵다. 국가나 기업이 선호하는 '국가 경쟁력' 관점에서 보더라도 양극화 사회는 경쟁력이 없다. 수도권의 과잉 비대와 지역의 아사 상태, 이것은 마치 한 가족 안에서 일부는 너무 많이 먹어 비만으로 죽는 반면, 나머지는 먹을 것이 하나도 없어 굶어 죽는 거나 다름없다. 양극화 되지 않고 균형 있게 발전해야 정말 비전과 내실이 있는 나라가 된다. 물론 세종시 하나만으로 나라 전체의 균형이 달성된다고 보기는 어렵다. 그러나 세종시 구상을 온전히 실현하면 굉장한 파급 효과가 있을 것이다.

넷째, 현실적으로 이미 공사는 시작되었고 수많은 원주민들은 눈물과 한숨 속에 삶의 터전을 떠났다. 만약 원안 추진이 안 되면 수백, 수천의 원주민들에게 원래의 땅, 원래의 집, 원래의 농경지를 그대로 만들어 줄 수 있는가? 최근엔 ISO 26000이라 해서 기업의 사회적 책임CSR, Corporate Social Responsibility을 성실히 수행하지 않는 기업은 범지구 차원에서 제재를 가하고자 하는 논의가 성숙하고 있다. 이와 마찬가지로 나는 '정부의 사회적 책임GSR, Goverment Social Responsibility' 역시 매우 중요하다고 본다. 단순한 표심 때문이 아니라 참된 책임감과 사명감으로 성실히 일을 하는 정부의 모습을 보고 싶다.

다섯째, 앞으로 자라나는 후손들을 위한 '백년대계'의 관점에서도 우리는 당장 많은 돈이나 권력을 물려주기보다는 살맛 나는 사회를 물려주어야 한다. 살맛 나는 사회란 무엇인가? 그것은 서울 중심주의 속에서 무한한 생존 경쟁을 하는 사회가 아니라 지역 공동체 내지 마을 공동체가 자긍심을 갖고 살아 숨 쉬는 사회다. 인생에서의 성공을 수도권 진입과 지위 상승으로만 평가하는 사회가 아니라 전국 어디서든 자신이 하고 싶은 일을 찾아 자아실현과 사회 공헌을 어떻게 했나 하는 것으로 판단해야 한다. 지금처럼 비대한 서울과 수도권은 마치 공룡의 최후를 보는 듯 불길한 예감을 부른다. 자신이 감당하지 못할 정도로 몸집이 커진 공룡, 머리에서 수집된 정보가 팔다리 등으로 제때에 전달되지 못해 환경 변화에 슬기롭게 대처할 수 없었던 공룡, 너무 많이 먹어 치워 나중엔 거대한 체구를 지탱할 먹이가 없어져 버린 공룡의 최후, 이런 것이 불현듯 생각나는 건 왜일까? 이런 점에서 도시는 중소규모 위주로 발전하고, 농촌은 문화 교육 혜택을 고루 누리게 만든 독일 사회를 참고삼아 전국을 살맛 나게 만들어야 한다.

바로 이러한 사회 경제적 오판이 세종시 사업에도 나타나지 말라는 보장이 없다. 만약 세종시 구상이 잘못되어 우리 마을처럼 시멘트 덩어리만 몇 개 짓다가 중단한다면 과연 그 책임은 누가 질 것인가? '국토 균형 발전'이라는 희망적 국책 사업으로 시작한 세종시, 난개발과 투기를 확실히 막으며 정직하게 원안대로 추진하는 것이 온 나라를 역동적으로 살리는 시금석이 될 것이다. 서울과 수도권의 기득권 세력이 '기득권'에 대한 중독적 집착만 버린다면, 그리고 비수도권 풀뿌리 민중이 일사불란하게 단결한다면 세종시 원안 추진은 그렇게 어려운 일이 아니다. 세종시는 비단 충청도만의 문제가 아니다. 세종시로 상징되는 지방 분권화, 온 나라의 고른 발전, 사람과 자연이 더불어 사는 활기찬 지역들, 그러한 지역들의 유기적 네트워크, 바로 이것이야말로 역동적인 나라를 새롭게 창조하는 길이 아닌가? 대통령으로서 정말 진퇴양난일 것이다. 그러나 대통령이 진실로 이런 사명을 실행하려 한다면 현실적 방법은 딱 하나 있다. 먼저 대통령이 청와대부터 옮기겠다고 나서면 모든 게 술술 풀릴 것이다. 기막힌 해법 아닌가?

* 이 책의 출간을 준비하던 중, 2010년 6월 29일에 세종시 수정안이 국회 본회의에서 부결되었다. 몇 개월에 걸쳐 갖은 논란이 있었지만 지금이라도 원안 추진의 길이 열리게 되어 다행스럽다. "정직이 최선의 정책이다." 라는 말처럼 국민들에게 했던 약속을 지키는 것이야말로 정치의 가장 기본이다.

"모든 국민이
정직했으면 좋겠다"?

"모든 국민이 정직했으면 좋겠다. 거짓말 없는 세상이 돼야 한다." 이건희 삼성그룹 회장이 2010년 2월 5일, 선친이자 삼성 창업주인 이병철 전 회장의 탄생 100주년 기념식에서 한 발언이다. 이병철 전 회장은 "내 눈에 흙이 들어가도 노동조합은 절대 안 된다."는 말로 유명한데, 삼성은 '세계적 초일류 기업'으로 성장했으면서도 아직도 실질적으로는 '무노조 경영'을 하고 있다. 그런 맥락에서 흥미롭게도 나는 이 말을 들으며 "정직했으면 좋겠다."는 말조차 '진짜 정직했으면 좋겠다.'는 생각이 든다. 진정으로 초일류 기업이 되려면 노동자들이 자주적으로 결성한 노동조합을 인정하고 상호 대화와 협상 속에 문제를 풀어가야 한다. 그것이 정직한 기업의 모습이다. 앞에서는 초일류 기업을 강조하면서 뒤에서는 노동조합이란 말조차 꺼내지 못하게 하는 것은 정직하지 못하다. 정말 '거짓말'이나 '위선'이 없는 세상이 되어야 한다.

특히 최근의 행정도시 논란과 관련해 이 말은 더욱 절실해진다. 박지원

민주당 정책위 의장에 따르면 행정도시와 관련한 한나라당과 이명박 정부의 말 바꾸기는 무려 17번이나 일어났다고 한다. '섬김의 리더십' 운운하며 나라를 이끄는 사람들이 섬김이나 정직과는 반대되는 방향으로 거짓말을 '밥 먹듯' 한다는 말이다. 몇 가지 주요 부분만이라도 살펴보자.

당초에 "군대를 동원해서라도 행정 수도 이전을 막고 싶다."라고 한 사람은 2005년 당시 이명박 서울 시장이었다. 서울 시민들의 표를 의식한 발언이었고, 자신의 이해득실을 따진 계산이었다.

"세종시를 원안대로 할 뿐 아니라 거기에다 더 보태어 '이명박 표 명품도시'를 만들겠다."고 말을 바꾼 사람도 2007년 대통령 선거 국면에서 유력한 인물로 부상한 이명박 한나라당 후보였다. 이 역시 표를 의식한 발언이었고 이해득실을 철저히 계산한 '실용'이었다.

"대통령의 양심상 세종시는 그대로 하기 어렵다."고 다시 말을 바꾼 사람 역시 2009년 여름의 이명박 대통령이었다. 그는 이어 "국가의 백년대계를 위한 정책에는 적당한 타협이 있어서는 안 된다."고 하며, 2009년 가을에 접어들자 정운찬 총리를 앞세워 "세종시의 수정", 즉 사실상의 백지화를 공식화했다. 이 또한 표를 의식한 발언이고 이해득실을 실용적으로 계산한 것이다.

같은 '표票의 논리'인데도 자신의 입장과 상황에 따라 내용이 바뀌는 기이한 현상이다. 시장으로서 그는 수도 서울의 파수꾼이 되고자 했다. 그러나 막상막하의 살얼음판 경쟁 상황에 놓인 대통령 후보로서 그는 약 200만 명의 유권자가 있는 충청권을 의식하지 않을 수 없었다. 충청권이야말로 '캐스팅 보트'의 핵심이었다. 과연 충청권에서 열렬한 지지가 있었고 그는 대통령이 되었다. 2008년 2월 대통령 취임 이후에도 속마음은 어떠했는지 모르나 그는 여전히 "행정도시를 누가 축소할 것이라고 하던가. 행정도시는 계획대로 추진한다."고 확약했다.

그러나 1년 반이 지나자 본심을 드러냈다. "똥 누러 갈 때 마음 다르고, 똥 눈 뒤 마음 다르다."고 했던가. 국민의 절반 이상이 몰려 사는 수도권을 장악한 지금 시점에서 말을 바꾸고 정책을 바꾼다 한들 그 무엇이 두려우랴. 이렇게 '표票의 논리'는 '사람의 논리'와 전혀 다르다. 왜냐하면 '표'란 단순한 투표용지가 아니라 돈이자 권력이기 때문이다.

바로 그 와중에 행정도시 사람들은 세 번이나 울었다. 세종시가 행복도시가 아니라 불행도시가 된 것이다. 첫 번째 울음은 수백 년을 살아온 터전을 강탈당해야 했던 원주민 노인들로부터 나왔다. "조상 무덤까지 파 가면서 행복도시니 뭐니 하는 걸 만들려 하는 것 자체가 이상한 겨."라고 하기도 하고 "부자가 안 돼도 좋으니께 제발 그대로 농사나 짓고 살게 그냥 냅둬유."라 하기도 했다. 이렇게 예전처럼 땅과 함께 소박하게 살겠다고 울부짖던 어른들은 평생 씻기 어려운 마음의 상처를 받았다.

두 번째 울음은 토지 보상가와 관련해서였다. 아무리 안 가겠다고 해도 '국책 사업'이니 강제로 이주를 해야 하는 상황이 왔다. 버티고 버티다 어쩔 수 없이 포기하고 나가기로 마음은 먹었지만 산 넘어 산이다. 조상 대대로 물려받은 땅, 사계절 하루하루 자연과 더불어 농사지으며 살던 정든 땅을 국가토지공사에 팔고 다른 곳에 가 땅이나 집을 사기엔 보상가가 턱없이 부족했다. 보상가는 공시 지가를 기준으로 하지만 다른 곳에 대토를 구하려면 시가를 기준으로 하기 때문이다. 이제 안 팔고 그대로 있겠다고 아우성

처도 소용없다. 그나마 사기꾼에 떼이거나 자식들과 의가 상하지 않으면 다행이었다.

세 번째 울음은 '내가 나서서 뽑은' 대통령 때문에 터져 나왔다. 사람들은 믿었으나 대통령은 표의 논리에 따라 말을 바꾸었기 때문이다. 어디 대통령만 그러한가? 국회의원도, 도지사도, 시장과 군수도, 시 의원과 군 의원도 마찬가지 아니던가. 우리 마을에 얼토당토않게 흉물 아파트 982가구가 서 있는 배경도 바로 도지사와 군수, 군 의원 들이 말을 바꾼 덕이다.

답은 명확하다. '사람'이 흘린 불행의 눈물, 이제 '표의 논리'를 좇는 저들에게 되돌려 주어야 한다. 저들이 세 번 울도록. 지방 선거부터 국회의원 선거를 거쳐, 새로운 대통령 선거에 이르기까지 딱 세 번이다. 철저하게 울도록, 그래서 처절하게 반성하도록 만들자. 두려운 것은 백성들이 그렇게 당했으면서도 또다시 정신 못 차리고 '그 나물에 그 밥'을 반복 선택하는 일이다. '권력은 국민으로부터 나오'는 만큼 권력자의 수준도 국민의 수준을 그대로 반영하기 때문이다.

그런데 흥미롭게도 '세종시 수정안'을 가지고 해당 지역의 민심을 사기 위해 정부가 대응하는 모습은 꼭 중독자처럼 보인다. 원래의 소망을 들어주지 못하는 대신 다른 것으로 '땜질'을 하려니 갈수록 사탕발림을 해야 하는 것이다. 그 와중에 나라 전체가 거덜이 날 판이다.

중독 행위란 이런 것이다. 한 사람이 있다. 배가 무척 고프다. 배가 고프면 밥을 먹어야 한다. 꼭 진수성찬이 아니라도 좋다. 소박하더라도 정성이 깃들고 건강한 밥상이면 된다. 하여간 밥을 맛있게 먹어야 한다. 그것이 최고다. 그런데 밥을 먹기 어려운 사정이 있어 다른 걸로 끼니를 때우려 한다. 땜질 처방이 필요한 것이다. 소시지가 맛있을 것 같아 하나 사 먹는다. 먹기 전에는 그것 하나만 먹으면 만족할 것 같았다. 그런데 막상 먹고 나니 또 허전하다. 그래서 이번엔 포테이토칩을 하나 샀다. 바삭바삭 맛있게 먹는다. 지나가는 사람이 군침을 흘리기도 한다. 으쓱하는 느낌이 들기도 한다. 그런데 아무리 먹어도 배는 부르지 않다. 만족스럽지 않은 것이다. 충만한 느낌이 들지 않기 때문이다. 심한 경우 이것저것 먹다 보니 칼로리는 엄청 높아 비만의 원인이 되기는 하되, 막상 영양분은 고루 섭취하지 못해 영양실조에 걸리는 '이중의 덫'에 빠질 수 있다. 원래 먹어야 할 밥은 먹지 않고 자꾸 엉뚱한 것으로 '보상'만 하려 하니 욕구는 충족되지 못한 채 돈만 더 많이 들고 속으로 불만족만 커진다.

세종시라 이름까지 지어 놓은 행정 중심 복합 도시행복시를 통해 수도권의 중앙 집중도 완화하고 국토의 균형 발전도 이루겠다고 여야가 모두 합의한 지 벌써 5년이 넘었다. 세종시 하나가 모든 걸 해결하는 건 아니지만 이를 원안대로 추진하면 그 상징적 효과가 서서히 나타나면서 나라 살림살이도 균형을 잡아 나갈 것이다. 물론 기존 수도권 사람들의 우려나 불만족을 적절히 해소하는 방법도 같이 고민하면서 말이다. 그런데 원래 하려고 했던 건 하지 않고 자꾸 엉뚱한 것으로 '대리 충족'만 시키려 하니 '덫'에 걸리기 쉽다. 그 사이에 피 같은 세금만 낭비된다. 한강투석이 아니라 한강투전漢江投錢이다.

행복시나 4대 강 사업이나 둘 다 비슷하게 22조 원 이상이 든다. 국민 대다수가 하자고 하는 행복시는 제쳐 두고, 하지 말라 하는 4대 강 사업엔 전력투구하니 참 딱하다. 말이 1조니 10조니 하는 것이지, 도대체 1조 원이 얼마나 큰돈인가? 한 달에 1천만 원, 일 년에 약 1억을 버는 (대부분의 사람에겐 불가능한) 사람이 단군 할아버지처럼 약 5000년 동안 살면서 하나도 안 쓰고 모아야 5000억 원이다. 이런 불가능한 단군 노인이 2분 계셔야 1조 원이다. 22조 규모란, 이 불가능한 단군 45명이 합친 돈이다! 그렇게 강에 돈을 던져 '깜짝 놀랄' 일을 벌인다 해도 비만은 될지언정 욕구 충족이나 영양 균형은 달성되기 어렵다.

'비만 속의 영양실조', 이야말로 한국 사회의 구조적 병폐를 상징한다. 원래의 자연스런 욕구를 충족하려 하지 않고 자꾸 엉뚱한 것으로 보상함으로써 대리 만족하려 하니 재벌에게 땅값이나 세금 감면 같은 특혜나 주려 한다. 또 서울대 이전 내지 제2캠퍼스 논란까지 나온다. 대기업이나 서울대가 가진 상징적 권위를 동원해서라도 대리 보상하겠다는 식이다. 롯데에 이어 삼성전기 같은 재벌 계열사의 이름이 수시로 등장하는 이유다. "이것이면 되겠느냐", "저것이면 안 되겠느냐" 하면서 겉보기에 그럴 듯한 것만 갖다 붙이니 갈수록 '종합 선물 세트'만 커진다. '특혜시' 논란이 이는 까닭이다. 그러나 막상 그 종합 선물 세트 속의 과자를 다 먹는다 해도 내면의 만족감은커녕 오히려 영양 불균형에 시달릴 가능성이 커진다. 행정 기관들이 원안대로 온다 해도 고속철로 말미암아 주거와 교육 부문은 여전히 서울 집중을 벗어나지 못할 가능성이 큰데, 그래서 그 부분을 더욱 신경 써야 할 판국인데, 행정 기관은 쏙 빼고 대학과 기업만 유치하려 하니 결국은 학교와 공장에게 특혜를 주어 땜질 처방만 하려는 격이다. 영양실조에 허덕일 수밖에 없는 이유이다. 한편 세종시로 이전하지 않는 다른 재벌들이나 중소기업, 외국 기업들은 '역차별'이라고 반발하며 자기들에게도 그런 혜택을 달라고 하니 영양실조로 인한 부작용들은 꼬리에 꼬리를 물고 생겨난다. 이것이 갈수록 꼬여 드는 사태의 본질이다.

그렇다면 지금부터라도 겸허하게 '섬김의 리더십'으로 돌아가자. 그야말로 "모두가 정직했으면 좋겠다."는 말이 절실한 부분이다. 건설 자본이 아닌 풀뿌리의 목소리에 귀를 기울이자. 수도권 과잉 비만도 해결하고 지방의 아사 상태도 해결하면서 누가 어디에 살건 삶의 보람을 누리며 인간답게 살 수 있는 세상의 밑그림이 무엇인지 토론하자. 이런 진정성 없이 돈과 권력에 눈이 멀어가는 리더십은 반드시 '이중의 덫'에 빠져 구제 불능이 된다. "콩 심은 데 콩 나고 팥 심은 데 팥 난다"는 속담처럼 뿌린 대로 거둘 것이다. 중대한 결단이 필요한 시점이다.

지방 분권,
독일에서 배우기

2010년 1월 11일 이른바 '세종시 수정안'이 발표되자마자 한국의 정치-사회 상황은 마치 핵폭탄이 터지기 직전과 같다. '행정 중심 복합 도시'라는 당초의 구상이 공식적으로 '교육 과학 중심 경제 도시'로 둔갑한 탓이다. 한마디로 행정도시 백지화다. 그 근거는 "국가의 백년대계"란다. 세종시 원주민들은 "역시나 또 속았다."며 배신감에 치를 떤다. 다른 충청권 민심도 떠났다. 민주당과 선진당, 민노당까지 연대한다. 심지어 여당 안에서조차 내홍이 크다. 전국의 다른 지역도 세종시의 '블랙홀' 효과를 우려한다. 찬성하는 집단은 재벌과 수도권의 기득권층뿐이다. 세종시 수정안의 내용을 보면 삼성, 한화, 롯데, 웅진 등 대기업과 고려대 및 카이스트 캠퍼스를 유치해 '자족 기능'을 강화하고, '국제 과학 비즈니스 벨트' 지정을 통해 가칭 '세종국제과학원'을 설립함으로써 중이온 가속기 등 첨단 과학 연구 시설을 갖추어 '먹고사는' 문제를 해결한단다. 당초의 '행복도시'에는 '먹고사는' 문제가 빠졌단 말인가? 특히 삼성은 165만

서당골에
지은
귀틀집

제곱미터_{약 50만 평} 부지에 2조 500억 원을 투자, 1만 5800명을 고용할 계획이며 삼성전자와 삼성SDI, 삼성LED 등 5개 계열사에 걸쳐 태양광 발전, 연료용 전지, LED_{발광다이오드}, 데이터 프로세싱, 콜센터, 바이오 헬스 케어 등의 분야에 진출할 예정이라고 한다. 이는 삼성 이건희 회장의 특별 사면과도 맞물리면서 재벌 특혜 시비가 일기도 했다. 예컨대 대구 지역에서는 삼성 태양광 공장이 엉뚱한 데로 빠져나간다고 걱정이 태산이다. 이런 식으로 다른 기업도시나 혁신도시 예정지들은 당초 자기 지역에 유치될 산업들이 '세종시'라는 블랙홀로 모두 빨려든다고 아우성이다. 상징적으로 요약하자면, 수정안에는 '행복시' 대신 '삼성시'가 들어 있다.

앞으로 세종시 수정안을 둘러싸고 엄청난 사회·정치적 갈등이 예상된다. 대통령은 특별 기자 회견과 충청권 방문을 계획 중이고, 국무총리와 여당 지도부는 수단과 방법을 가리지 않고 대국민 설득과 여론 무마에 나설 것이다. 한나라당 안에서조차 친이계와 친박계 사이의 분열은 가속화할 것이다. 박근혜 전 대표를 비롯한 친박계 의원들은 '세종시 원안 고수' 입장을 견지하면서 맞짱을 뜨고 있다. 그리고 연기군을 비롯한 충청권의 정치 행정가, 풀뿌리 시민들은 '수정안 반대' 및 '불복종 운동'을 결단하고 나선 상태다. 기자 회견, 삭발 저항, 단식 투쟁, 상경 투쟁, 심지어 "작두로 손가락 자르기도 불사하겠다."는 사람까지 나올 정도다. 지금 연기군과 충청권은 국무총리실의 기대와는 달리 '폭발 직전의 핵폭탄'이다.

무엇보다 민초들이 느끼는 '배신감'은 대통령과 여당이 180도 말을 바꾼 데서 비롯한다. 새로운 도시의 내용 자체가 얼마나 매혹적인가 하는 문제보다 처음에 하겠다고 공약한 것을 슬슬 바꾸기 시작하다가 완전히 뒤집어 버리고 만 데서 오는 배신감인 것이다. 과연 '국가 발전의 백년대계'라는 포장지로 심한 배신감에 빠진 민초들을 달랠 수 있을 것인가?

다음으로 과연 '국가 발전의 백년대계'를 위한 내용이 결국은 서울과 수도권의 집중화와 비대화, 국토의 12퍼센트 정도에 국민의 50퍼센트 이상이 쏠려 있는 현 상황을 지속하겠다는 것인가 하는 문제가 있다. 2010년 1월 초 폭설 사태로 인해 그렇지 않아도 과밀화에 시달리는 서울 시민들이 대통령 말대로 지하철을 탔다가 그야말로 '지옥철'을 경험했다는 얘기는 모두 뉴스를 통해 들었을 것이다. 앞으로 폭설만 문제가 아니다. 석유 정점을 지나 석유 고갈이 눈앞의 현실로 되면 지금처럼 석유 문명에 기초한 초과밀 거대 도시들은 파멸을 면치 못할 것이다. 진정으로 나라의 '백년대계'를 세우려면 참다운 분권화와 삶의 질이 보장되는 나라, 풀뿌리 민초가 정치 경제 및 사회 문화의 주인공으로 설 수 있는 나라, 아이가 태어나도 점수 경쟁이나 장래에 대한 불안감 없이 개성에 따라 자아실현을 할 수 있는 나라, 온 백성이 주거, 교육, 의료 문제 때문에 스트레스 받지 않는 나라, 백성의 생계 및 삶의 질을 위해 일하는 농민이나 노동자가 사람대접을 받는 나라를 만들도록 새로운 디자인을 해야 한다. 현재의 기득권층이 자신이 누리는 돈과 권력의 뿌리를 하나도 건드리지 않은 채 '새끼 기득권'만 몇 개 시혜적으로 만들어준다고 해서 '백년대계'가 성립하는 건 아니다. 그 똑똑한 '수재'들이 과연 이런 걸 모르고 있는 건가?

그런데 여기서 흥미로운 점은 행정부처 이전을 '백지화'하기 위한 근거로 독일 사례를 드는 것인데, 내가 보기엔 '아전인수'다. 독일의 G. 슈뢰더 전 수상 이야기를 객관적으로 봐야 한다.

서당골에
지은
귀틀집

우선 그의 말부터 들어 보자. 그는 2009년 11월 「글로벌 인재 포럼 2009」에 초청되어 "통일 후 베를린과 본에 행정 기관을 나눠 배치함으로써 두 도시를 오가는 셔틀 항공기를 연 5500회나 운영하는 등 엄청난 국가적 비효율을 초래했다"고 했다. 행정 기관 분할이 돈과 시간 낭비를 불렀다는 것이다. 맞는 말이다.(굳이 거금을 들여 수많은 사람들이 독일 출장을 가지 않더라도 다 알 수 있는 내용이다. 그런 면에서 '독일 출장'은 견학의 의미보다는 회유의 의미가 컸다.)

그러나 과연 행정 기관 분할의 비용이 크다는 말이 현재의 서울이 가진 독점적 집중화를 정당화하는 말인가? 물론 서울과 수도권의 기득권층 입장에서 보면 그렇다. 그러나 슈뢰더가 문제 삼은 것은 '부처 분할'이었지 부처 이전 자체는 아니다. 특히 구 수도인 본과 신 수도인 베를린이 약 600킬로미터나 떨어진 걸 보면 충분히 이해가 된다. 통일 전의 15개 부처 중 9개가 베를린으로 이전했고 6개가 남아 있는데 슈뢰더 수상이 발언한 맥락으로는 "차라리 모두 이전했더라면 나았겠다."는 것이다. 이전하지 말자는 게 아니라 이전하려면 '모두' 하라는 말이다. 예전의 본에 '그대로' 두라는 말이 아니다.

게다가 독일어는 끝까지 들어야 한다. 그는 끝자락에 "한국 상황은 한국이 더 잘 알지 않겠는가?"라고 했다. 그를 초청한 사람들이 마음속으로 '제발 세종시로 행정부처가 모두 이전하는 것은 좋지 않다고 말해 달라.'는 주문을 한 데 대해 '그런 식으로 나를 이용하려 들지 말라.'는 심정이었는지 모른다.

슈뢰더 수상을 비롯한 독일인이 제정신으로 본다면 한국의 서울이나 수도권의 비대화는 정말 '병리적'이다. 제발 '기득권'의 관점에서 보지 말고,

행복한 삶을 추구하는 '사람'의 관점에서 생각해 보라. 과연 서울이 사람답게 살 수 있는 곳인가? 때로는 교육 때문에, 때로는 생계 때문에 '어쩔 수 없이' 사는 이가 대부분 아닌가? 게다가 서울과 수도권이 대한민국의 모든 부와 자원을 빨아들이는 '블랙홀'임을 모두 알지 않는가? 그 과정에서 지방과 농어촌은 병들어 고사 직전이다. 이게 솔직한 '한국 상황'이다. 그렇다면 답은 무엇인가? 과잉 비대한 서울로부터 행정부처를 모두 이전하는 것 아닌가? 슈뢰더 수상의 말대로 "행정 결정이 이루어지는 곳으로 쏠리는 경향이 있기" 때문이다. 그래야 서울도 인간다워지고 지방도 두루 살아난다. 바로 이것이 당초에 '행정수도'니 '행정도시'니 하는 사회적 논의가 나온 참된 배경이고, 그에 대다수 국민과 여야도 동의한 것 아닌가? 이야말로 '나라의 백년대계'를 위한 주춧돌이다.

진짜 독일에서 배워야 할 것은 이런 점이다. 첫째, 서울과 같은 거대 도시가 아니라 작지만 아름다운 도시가 낫다. 둘째, 서울과 수도권에 집중화하는 것보다 전국을 균형 있게 분권화하는 것이 낫다. 셋째, 제왕적 통치자보다는 민주적 토론 문화가 정치와 사회를 이끌어야 한다. 넷째, 국민들과 한 약속은 꼭 지켜야 한다. 다섯째, 가능한 한 기득권을 버리고 더불어 사는 사회가 바람직하다. 그리하여 진정 독일을 참고한다면 바람직한 전원도시는 인구 10만 명 내외가 적절하다. 그렇게 전국적으로 약 1000개 이상의 사회 생태적 '전원 마을 공화국'이 상호 대등한 자격으로 상부상조하는 새로운 백년대계의 비전을 세워야 한다. 이것만이 세종시 논란을 둘러싼 백성들의 배신감을 생산적으로 극복하는 실마리다. 과연 한국의 기득권층은 이런 독일 사회의 가르침에 마음의 문을 열 것인가?

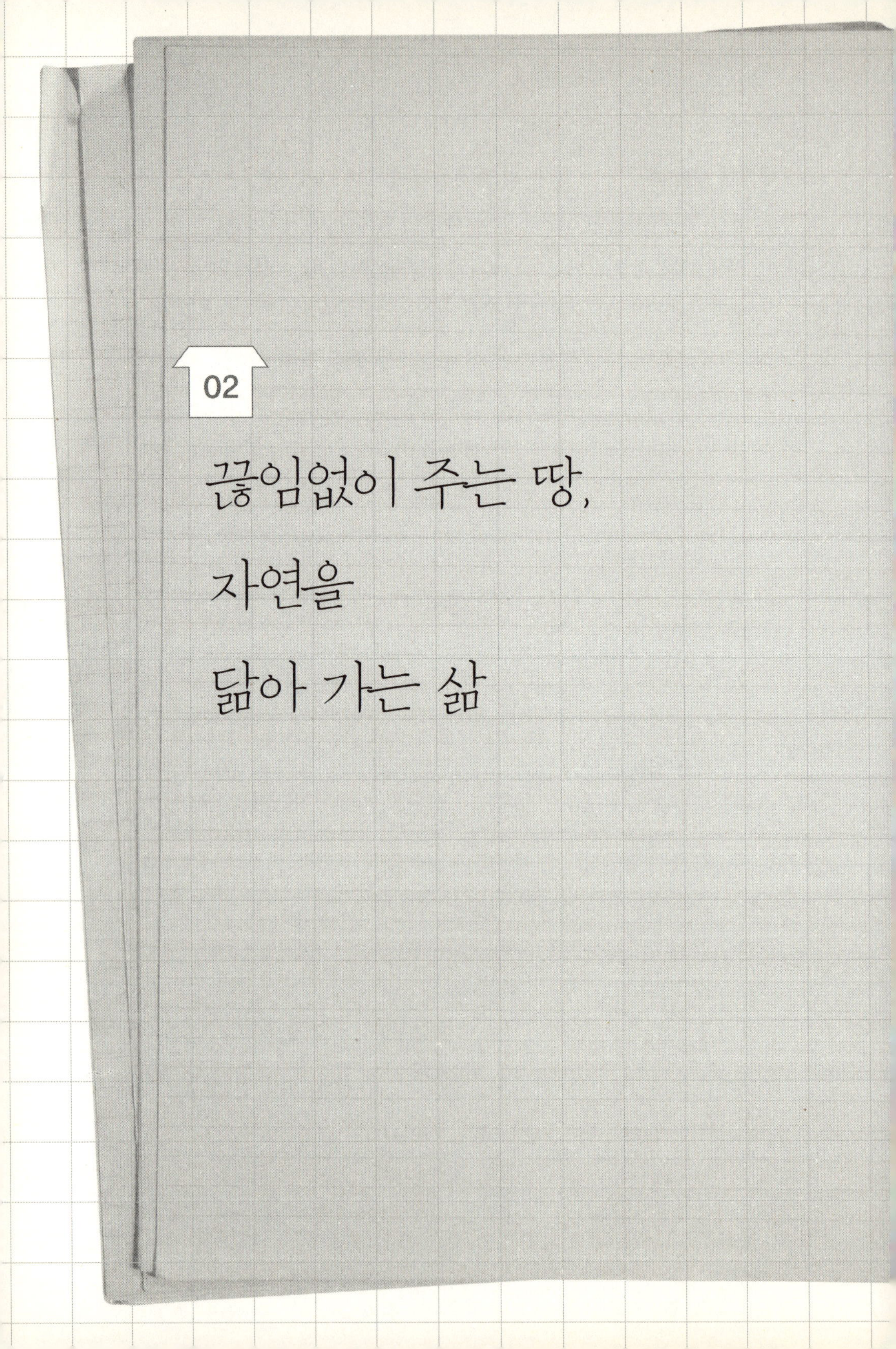

끊임없이 주는 땅, 자연을 닮아 가는 삶

땅과 함께 살아가는
재미와 의미

이런 이야기가 있다. 산전수전 모두 겪은 어느 재벌 회장이 머리가 희끗한 상태에서 이제는 인간답게 살아 보겠노라고 시골에 아담한 별장을 하나 짓고 내려왔다. 공기도 좋고 물도 맑아 속으로 '내가 찾던 것이 바로 이거야.'라고 쾌재를 부르며 낚싯대를 메고 강가로 나갔다. 발걸음이 가벼웠다. 얼마나 오랜만인가? 이런 꿈을 마침내 실현하다니…. 생각해 보면 20대부터 시작해 40년 이상을 고생해 온 것이 바로 이 순간을 위해서가 아니던가. 창공을 자유로이 나는 새처럼 기분이 상쾌했다. 강가에는 허름한 옷차림을 한 청년이 하나 앉아 있다. 재벌 회장이 말했다. "여보게, 안녕하신가? 나는 지난 40년 이상 갖은 고생을 하며 피땀과 눈물을 흘린 끝에 우리나라 10위권 안에 드는 재벌이 될 정도로 성공을 했다네. 그래서 최근 이 근처에 집을 하나 짓고 좀 인간답게 살아 보려고 낙향했다네. 앞으로 잘 지내 보세." 이 말에 청년이 인사를 공손히 하며 대답한다. "예, 어르신. 그런데 저는 어릴 적부터 이렇게 살아왔는 걸요."

이 작은 에피소드는 대단히 큰 의미를 갖고 있다. 물론 상징적인 이야기이기는 하다. 재벌 회장은 이렇게 한가롭고 인간다운 생활을 하기 위해 기나긴 세월을 돌아 왔다. 그러나 젊은 청년은 그 길을 처음부터 바로 걸어왔다. 속도전이나 효율성을 말하고자 하는 것이 아니다. 무엇을 위해 그렇게 먼 길을 에둘러 가야 하는가 하는 점이다. 물론 지름길로 가는 것이 반드시 최선이라고만 볼 수도 없고, 또 둘러가는 길 가운데 많은 삶의 의미를 찾을 수도 있다. 그러나 10년이나 20년간의 한가롭고 인간다운 삶을 살기 위해 무려 60년 가까이 준비만 해야 하는 삶은 과연 '성공적'인가? 우리가 일을 신성시하고 열심히 일하며 살고자 하는 이유는 무엇인가?

일이란 우리에게 크게 두 가지 의미가 있다. 하나는 생계 활동이고 다른 하나는 생명 활동이다. 생계 활동이란 먹고살기 위해 어쩔 수 없이 해야 하는 일이다. 식, 의, 주를 해결하는 것이 가장 기본이다. 하지 않으면 살아남기가 어렵기에 반드시 해야 한다. 반면에 생명 활동이란 인간이 하나의 생명체, 유기체로서 내면의 꿈이나 소질, 잠재력을 밖으로 실현하거나 뿜어내려는 작용이다. 이것은 하고 싶어서 하는 일이다. 해야 하는 일과 하고 싶어 하는 일, 이 둘 다 소중하다. 상징적으로 말하자면 켄 로치Kenneth Loach 감독의 영화 제목처럼 「빵과 장미」라고 해야 할까? 인간다운 삶에 빵과 장미가 모두 필요하듯 해야 하는 일과 하고 싶은 일이 모두 필요하다. 그래야 행복한 삶이 가능하다.

그런데 우리 현실은 어떤가? 불행하게도 우리 삶은 행복happiness 대신에 스트레스stress가 가득하고 갈수록 더 커진다. 오늘의 행복은 내일로 미루되 내일의 걱정은 오늘 당겨서 한다. 그러니 매일 불안하고 걱정이 태산이다.

혹시라도 즐겁고 행복한 순간이 있더라도 일시적일 뿐이다. 행복은 순간일 뿐이고 불안은 늘 따라다닌다. 과연 이 사태의 근본 원인은 무엇인가?

금융 위기에 이은 실물 위기, 실물 위기에 따른 고용 위기의 시대, 성장을 해도 고용은 없는 시대, 고용은 되어도 정규직은 거의 없는 시대, 정규직이 되더라도 인권과 노동권이 배척되는 시대, 이런 시대에 대졸자 초임을 좀 깎고, 청년 인턴을 좀 만들고, 사회적 일자리를 만든다고 문제가 해결되는 걸까? 불행하게도 그 질문에 대한 나의 답은 "아니올시다." 이다. 마치 배가 아파 데굴데굴 구르는 아이의 배에 반창고 몇 개 붙여 주고 조금만 기다려 보라 하는 꼴이다.

오늘날 우리가 겪는 모든 불행의 근본 원인은 결국 사람이 땅과 자연을 떠나서 살려고 하는 데 있다. 사람과 자연의 분리, 그것은 아기가 자신을 낳아 준 어머니를 부정하는 꼴이다. 특히 땅을 떠나 살려는 것이 문제다. 단순히 물리적인 분리나 공간적인 분리를 뜻하는 건 아니다. 관계의 문제이기 때문이다. 인간이 '발전' 이라는 이름 아래 새로운 기술을 개발하면서 마침내 자연을 정복하고, 드디어 자연까지 조작하고 창조할 수 있다는 오만의 극치에 이른 이 시점에 역설적으로 경제 위기, 고용 위기, 생명 위기, 생존 위기가 우리 모두를 옥죄어 온다. 그래서 지금부터라도 제대로 된 해결책, 근본 뿌리를 건드리는 해답을 내놓으려면 사람과 사람, 사람과 자연이 더불어 살 수 있는 관계로 초점을 모아야 한다.

지금까지 우리는 불행히도 더 많은 자본을 모으고 더 많은 투자를 해서, 더 많은 상품을 만들어 팔아 더 많은 이윤을 남기면, 그래서 더 많이 소유하고 더 많이 소비하게 되면 행복해질 것이라 믿어 왔다. 그 과정에서 사람들 사이의 관계는 분열과 경쟁으로 금이 가고 공동체는 해체되었으며, 인격과 건강은 망가질 대로 망가졌다. 최근 사회적으로 성공하고 출세한 사람들이 과로로 죽어 가는 현상은 빙산의 일각일 뿐이다. 또 다른 편에서 자연 생태계는 갈수록 파괴되어 맥이 끊기거나 흔적도 없이 사라지고 만다. 소유와 소비의 측면에서는 괄목할 만한 성장이 있었지만 사람과 사람, 사람과 자연이 더불어 산다는 측면에서는 실패와 좌절의 연속이었다. 그리고 오늘날 고용 위기, 노동 위기는 코앞에 와 있다.

세상을 보다 건강하고 행복하게 살려 내려면 지금까지처럼 임기응변이나 대중 요법으로는 안 된다. '눈 가리고 아웅' 하는 식이어서는 곤란하다. 앞에 나온 에피소드로 다시 돌아가자. 그 재벌 노인은 개인적으로 성공과 출세를 했는지 모르지만 가족 관계나 친구 관계도 과연 평탄했을까? 오

김장용 배추 **모종을 심는 즐거움**

늘날 청소년들을 만나 보면 "우리 아버지는 회사 일에 너무 매달린 나머지 대화할 시간도 없고 얼굴 볼 시간도 없어요."라는 말을 자주 한다. 회사에서는 성공할지 모르나 인간관계에서는 성공하기 어렵다. 아니 일상의 삶에서 실패해야 오히려 노동의 삶에서 성공할 가능성이 높아진다고 해야 할 것이다.

또 그 재벌 회장은 성공하기 위해서 다른 재벌들과도 엄청난 경쟁을 해야 했을 것이다. 게다가 자기 회사의 경쟁력을 높이기 위해 얼마나 많은 하청 계열사들을 압박했을까? 재벌이 성공하려면 회장만 노력하는 것이 아니라 수많은 직원들, 그리고 하청 계열사의 수많은 일꾼들이 모두 피와 땀, 눈

끊임없이 주는 땅,
자연을
닮아 가는 삶

물을 흘려 가며 일을 해야 한다. 경쟁력이 없으면 도태되기 때문이다. 그렇게 해서 약 50년 이상이 흐른 뒤에 비로소 '성공' 했으니 이제부터 인간답게 살자고 하는 것이다. 만약 우리 삶이 이런 것이라면, 그것도 한두 번도 아니고 사람마다 대를 이어 반복되는 것이라면 이제는 조금 멈추어 생각해 볼 일이 아닌가?

그리고 하나 더, 위 에피소드에는 직접 나오지 않지만 만약 재벌 노인이 강이나 바다에서 즐겁고 행복하게 낚시를 하여 잡은 물고기가 매운탕을 끓였을 때 기름내가 나는 것이라면? 다시 말해 재벌 회장으로 성공하기까지의 과정에서 그 공장이나 하청 공장에서 무단 방류한 오폐수가 강에서 바다로 흘러 물고기 뱃속으로 갔다가 다시금 내 뱃속으로 들어온다면? 지금까지 열심히 공부하고 일한 결과가 결국은 중금속 덩어리를 먹으며 행복하다고 웃어야 하는 것이라면?

바로 이 점에서 우리는 일의 두 가지 의미, 즉 생계 활동과 생명 활동이라는 의미를 다시 찾아야 한다. 내가 하는 일이 나의 꿈을 이루는 것이면서도 이것이 먹고사는 데 도움이 되는 방향으로, 내가 하는 일이 나의 행복에 도움이 되면서도 사회 행복의 증진에 도움이 되는 방향으로 그렇게 가야 하는 것이다. 구체적으로는 모든 사람이 협동해서 조금씩 일하되 건강한 일을 할 수 있도록 시스템을 혁신해야 한다. 이윤보다는 필요에 맞게 일을 해야 한다. 이것이 자본을 넘고 노동을 넘어 행복의 길로 가는 지름길이다.

야생성이 거세된 농작물,
그리고 들풀의 삶

아침저녁으로 시간이 날 때마다 텃밭에 치솟아 오르는 풀을 뽑는다. 텃밭에는 상추, 고추, 방울토마토, 들깨, 옥수수, 땅콩, 메주콩을 심었다. 몇 해 전에 심은 매실나무는 아름다운 매화꽃과 새콤달콤 매실을 선사했고, 감나무엔 감이 봉긋봉긋 맺었다. 어머니 말씀으로 "여성이 심으면 달리지 않는다."는 작물인 호박은 그 씨를 아들이 심어 그런지 하나 둘 예쁘게 달린다. 이 모든 것을 우리는 '작물'이라 한다. 텃밭의 작물. 이 작물이 잘 되려면 하늘의 햇볕과 땅속의 물기도 필요하지만 사람이 주는 거름이 매우 중요하다. 그런데 이 작물과 달리 들풀이나 들꽃은 사람이 아무런 거름을 주지 않아도 잘 자란다. 그냥 자라기만 하는 게 아니라 제발 없어지길 바라며 뿌리째 뽑아내도 날 보란 듯 치솟아 오른다. 아침저녁으로 텃밭을 돌아보지 않으면 밭은 온통 풀밭이 되고 만다. 그래서 농작물은 농부의 발자국 소리를 들으며 자란다는 말이 있던가.

그러나 이 들풀들이 흔히 말하듯 '웬수'는 아니다. 들풀을 잘 뽑다가 주변의 나무 밑동 근처에 모아 주면 훌륭한 보온, 보습, 거름 역할을 한다. 동시에 다른 풀도 못 올라오게 막는 구실도 한다. 밉게 생각하던 들풀이 고마운 존재로 둔갑하는 순간이다. 그래서 윤구병 선생은 『잡초는 없다』는 책까지 쓰지 않았던가. 들풀을 뽑을 때는 향긋한 풀 내음이 코를 찌른다. 사람이 만든 향이 어찌 이런 흉내를 낼 수 있을까? 언젠가 들렀던 고속 도로 휴게소의 화장실에서 화장실 냄새를 없앤답시고 설치한 자동 인공 방향제가 '칙-' 소리를 내며 향긋한 내음을 풍기는 순간, 뭔가 이상야릇한 기분을 느낀 적이 있다. 한편으로 '별 신기한 것도 상품으로 만들어 내는구나' 하는 생각, 다른 편으론 '분명히 저런 것엔 환경 호르몬이 들어 있을 텐데' 하는 생각이 들었다. 그러나 자연의 향은 상품이 아닐 뿐더러 환경 호르몬도 없다. 심지어 우리가 매일 누는 똥이나 오줌조차 조금씩은 그 천연의 향을 좀 맡아 가면서 사는 것이 건강하다. 사실 나는 날마다 마당 한 켠에 손수 지은 부춛돌식 뒷간에 똥을 누고 "똥아, 고마워."라고 인사를 한다. 물론 똥과 오줌은 따로 받아 거름으로 만든다. 그 거름이 텃밭 작물을 위해 다시 땅으로 돌아간다.

때로는 들풀이 너무 자라 호미나 괭이로 감당이 안 될 때도 있다. 그러면 가끔 반신반의하면서 사 둔 예초기풀 깎는 기계를 쓰기도 한다. 예초기는 시동 걸기가 만만치 않다. 휘발유와 윤활유를 일정 비율로 잘 섞어 넣어야 하며, 한번 쓴 다음에는 남은 연료를 다 태워야 다음에 시동이 잘 걸린다. 가끔은 플러그를 빼 그을음을 긁어 주어야 할 때도 있다. 예초기를 쓸 때의 문제점은 시동 걸기만이 아니다. 내가 좋아하는 화초와 풀을 잘 구분하지 못하고 무자비하게 모두 잘라 버리는 일이 많다. 올해도 초봄에 탐스럽게 노란 꽃을 피워 올렸던 수선화를 예초기질을 할 때 풀숲으로부터 구해 내지 못하고 그만 잘라 버렸다. 물론 그 뿌리는 죽지 않고 분명히 내년 봄에 다시 예쁜 꽃을 피워 낼 것이다. 그 수선화 뿌리는 독일의 스승님이 보내 주신 것이라 더욱 소중하다. 예초기를 쓸 때의 곤란함은 이것만이 아니다. 가장 가슴 아픈 것은 내가 살아 있는 생명인 들풀에 대해 '무자비하게' 맞서야 한다는 점이다. 일단 시동이 걸리면 쇠날이든 끈날이든 매우 빨리 돌아간다. 자칫 사고 나기 십상이다. 그래서 내 신경도 예민해진다. 들풀에다 정확히 대고 방향을 잘 보며 조절을 해야 아무 탈 없이 풀을 칠 수 있다. 그러니 나도 모르게 무자비해진다. 그에 비하면 호미나 낫이야말로 '평화의 기술'이라는 생각이 든다. 사람과 도구가 평화롭게 조화를 이룰 수 있는 그 지점들을 찾는 것, 이것이 오늘날 산업화, 자동화, 전산화 따위가 초래하는 온갖 문제를 푸는 데 하나의 열쇠가 되리라.

세상이 인간을 위해 존재하는가,
인간이 세상을 위해 존재하는가?

따스한 휴일 오후, 마당에 그늘이 내리면 종종 한쪽에 쌓아 두었던 책을 집어 들기도 한다. 솔직히 말하면 나에게 책 읽는 즐거움은 40대 이후에 온 것 같다. 그래서 아이들에게도 '제발 책 좀 읽어라.'라는 말을 잘 하지 않는 편이다. 이번엔 다니엘 퀸Daniel Quinn이 쓴 『고릴라 이스마엘』을 읽었다. 2004년에 나온 책이니 벌써 세월이 제법 흘렀다. 두툼한 책인데도 소설 형식이라 금방 다 읽었다. 이 책의 핵심 화두는 '과연 세상은 인간을 위해 존재하는가?'라는 질문이다. 오스트랄로피테쿠스라 불리는 원숭이도 사람도 아닌 존재가 약 300만 년 전에 출현한 뒤로 세상 만물은 서로가 서로의 밥이 되며 평화 공존 상태를 그럭저럭 잘 유지해 왔다. 그러나 약 1만 년 전, 신석기 시대에 농사를 짓기 시작하면서부터 인간은 마치 온 세상이 자기들만을 위해 존재하는 것처럼 약탈 경제 활동을 지속해 왔다. 그 약탈 경제의 정점이 오늘날 자본주의 문명이 아닌가.

지금까지 우리는 '자본주의' 체제가 문제다, 아니면 '사회주의' 체제가 문제다, 라는 식의 문제 제기를 많이 해 왔다. 현실 사회주의가 무너지고 현실 자본주의가 위기에 처한 지금, 한편에서는 기득권층에 의한 시장 만능 자본주의 예찬론이 울려 퍼지는 반면 다른 편에서는 자본주의도 사회주의도 아닌 제3의 대안을 찾자는 이야기가 조심스레 나온다. 당연히 신자유주의, 즉 시장 만능주의는 세상을 파멸로 몰고 갈 것이다. 미국의 GM자동차가 망하듯 한국의 현대자동차도 망할 수 있다. 국가에 의한 구제 금융과 국유화로 일단 위기를 넘긴다고 문제 해결이 되는 것은 아니다. 시장과 국가 사이에서 외줄 타기 게임으로 장난질을 치는 것은 풀뿌리 민중의 관점이 아니라 그 민중을 현혹하는 기득권층의 관점이다. 바로 이 지점에서 『고릴라 이스마엘』이 던진 화두는 과연 참다운 대안이 무엇일까에 대해 새로운 시각을 던져 준다.

　내가 보는 이 책의 결론은 '사람과 사람, 사람과 자연 사이에 그 어떠한 위계질서도 없이 서로 존중하고 공존하는 시스템을 만들어 낼 수 있는가' 하는 문제가 핵심이다. 돈과 권력이 만드는 달콤함에 찌들거나 중독되어 참된 삶의 기쁨과 관계의 풍성함을 모르는 삶은 더 이상 삶이 아니다. 독일 브레멘 시의 불칸 Vulkan 이라는 조선소가 망했을 때 한국 거제도의 대우조선소는 만세를 불렀을 것이다. 또 미국 GM자동차가 파산에 직면했을 때 현대자동차 역시 그러했을 것이다. 반면 한국의 쌍용자동차가 파산에 직면했을 때 그 경쟁 회사는 만세를 불렀을지 모른다. 이런 식의 경쟁 시스템 속에서는 결코 평화와 공존이 있을 수 없다. 어디 그 뿐인가? 세계 자동차 산업의 성장을 위해 석유를 무한정 채굴하려 하는 한 '자원 전쟁'은 불가피할 것이며 미국의 이라크 침공과 같은 사태는 반복될 것이다. 자동차 문화를 유지, 확장하려는 우리의 탐욕을 바꾸지 않는 한, 고속 도로에 제아무리 '생태 통로'를 전시적으로 만든다 해도 길바닥에서 피를 흘리며 죽어 가는 야생 동물의 숫자를 줄이기는 어려울 것이다. 또 학벌 좋고 직장 좋은 사람들에 대한 선망의 시선이 사라지지 않는 한, 학벌 덕분에 대기업에 취업하여 일류 대접을 받는 그런 기득권 시스템 자체를 없애지 않는 한, 일류 학교, 일류 직장 개념이 사라지지 않는 한은 호기심이나 탐구욕에 가득 차서 하루하루 배움의 기쁨과 공부의 즐거움을 누릴 수 있는 기회는 결코 없을 것이다. 마치 텃밭에 피어나는 애기별꽃, 냉이, 꽃다지, 비름나물, 민들레, 개망초, 명아주, 쇠비름, 쇠뜨기, 질경이 등등 수많은 들풀처럼 너도나도 나름의 개성과 야생성을 갖고 다양하게 살아갈 수 있는 그런 시스템이 창조되지 않는다면 사람과 사람, 사람과 자연이 더불어 살 수 없을 것이다.

그런 것을 만들고자 한다면, 적어도 우리는 우리 자신이 만든 문명 내지 문화라는 것이 '보이지 않는 감옥'이라는 사실을 인정해야 한다. 오히려 감옥살이를 한 많은 분들은 이 보이지 않는 감옥을 더 잘 보았던 것 같다. 『감옥으로부터의 사색』을 쓴 신영복 선생이나 『야생초 편지』를 쓴 황대권 선생, 『죽음의 수용소』를 쓴 빅터 프랭클Viktor Frankl 선생을 상기해 보라. 그런 보이지 않는 감옥을 직시한 후에 우리는 보다 겸손한 자세로 세상 만물을 다시 보아야 한다. 조안 엘리자베스 록이 쓴 『세상에 나쁜 벌레는 없다』라는 책이 그런 겸허함을 다시금 찾게 도와준다.

이런 생각에 이르면 텃밭에서 풀을 뽑던 나의 모습이 너무나 이기적으로 느껴진다. 풀은 아무리 뽑아도 잔뿌리가 살아남아 또 올라오기 때문에 철저히 '근절'해야 한다던 내 사고방식이야말로 노동을 철저히 통제해서 무

한 이윤을 얻으려는 자본을 닮은 모습이 아닌가? 또 작물에 해가 되는 벌레
와 덕이 되는 벌레를 구분해서 차별 대우하던 나야말로 이 세상에 '해충'의
일종이 아닐까 하는 생각이 들기도 한다.

유기농 교육과
화학농 교육

시골 생활을 하기로 마음먹은 사람들은 크게 두 가지 걱정이 앞선다. 하나는 '어떻게 먹고살까', 하는 것이고 다른 하나는 '애들 교육은 어떻게 시키나', 하는 것이다. 둘 다 쉬운 문제는 아니지만 '진정으로' 시골 생활을 하고 싶다면 의외로 해답은 가까이 있다.

우선 먹고사는 문제와 관련해서는 현재의 직업을 그대로 이어 가려는 경우와 농사를 통해 해결하려는 경우로 나눌 수 있다. 농민이 되거나 최소한 농업을 부업 삼아 하는 경우라면 더할 나위 없이 좋겠지만 지금의 사회 풍토가 크게 변하지 않는 한 결코 편한 길은 아니다. 최소한 농민, 농촌, 농업, 농사를 '천하지대본'으로 보고 적극 지원하는 정부 정책이 나와야 할 것이다.

한편 현재의 직업을 그대로 이어 가면서도 시골 생활을 하려면 주말부부로 떨어져 살거나 아니면 현재의 직업을 시골에서 영위할 수 있는 가능성을 적극적으로 찾으면 된다. 쉽지는 않지만 불가능한 것도 아니다. 서울 본

사보다는 지방의 지사를 지원하는 것도 방법이다. 아니면 같은 직종이라도 수도권이나 도시권을 고집하기보다 시골 생활이 가능한 곳에서 새로운 일터를 찾을 수도 있다. 결국 뜻이 있는 곳에 길이 있다고 하겠다.

그러나 무엇보다 사람들을 힘들게 하는 것은 역시 자녀의 교육 문제다. 따지고 보면 골치 아픈 교육 문제도 그 핵심은 '어떻게 하면 좋은 성적을 내게 해서 일류대에 진학하게 만들 수 있을까?' 하는 것으로 모아진다. 그러나 안타깝게도 이런 식으로 자녀 교육 문제를 고민해서는 결코 답이 나오지 않는다. 우선 전국의 고교 졸업생 중 일류대 진학 가능성은 5퍼센트도 안 되기 때문이다. 다음으로, 좋은 성적이나 일류대 진학이 진정으로 아이들이 꾸는 꿈과 일치하지 않는 경우가 더 많기 때문이다.

그렇다면 아이들 교육에 대한 올바른 관점은 무엇일까? 그것은 '어떻게 하면 아이들이 제 앞가림을 하면서도 자신의 꿈과 소질을 키워 자기 행복과 사회 행복을 구현할 것인가?' 하는 방향이 되어야 한다. 바로 이런 관점이 유기농 교육이다. 그렇다면 유기농 교육은 기존의 화학농 교육과 어떤 점이 다른가?

첫째, 유기농 교육은 마치 유기 농법이 퇴비나 자연을 활용하여 흙을 살리는 데서 출발하는 것처럼 아이들을 자연 속에서 키움으로써 스스로 끼를 맘껏 발휘하게 한다. "자연이 최고의 교과서다." 자연이 생계 걱정을 않듯 자연 속에 자라는 아이들도 생계 걱정을 하지는 않는다. "아이들은 제 먹을 것을 다 가지고 태어난다."는 말도 있지 않은가. 반면 화학농 교육은 마치 화학 농법이 살충제나 제초제를 마구 씀으로써 벌레와 잡초를 무자비하게 죽여 자신의 농작물만 많이 거두려 하는 것처럼, 시험이나 비교를 통해 아이들의 자율성과 인간성을 체계적으로 압살하는 대신 극소수의 우수한 점수 기계들만 길러 내려 한다. 유기농 교육이 아이들이 찾는 '꿈의 길'을 걸어가게 하는 것이라면, 화학농 교육은 어른들이 설정해 놓은 틀 안에서 '생계의 길'만 열심히 좇아가게 하는 것이다. 그리하여 어른들이 만들어 놓은 '선'을 기발하게 벗어난 아이가 나온다면 곧잘 '탈선'을 한 문제아로 여기게 된다. 조한혜정 선생이 말한 바 있듯 "탈선 없이 창의성은 없다."는 점을 명심해야 한다.

둘째, 유기농 교육은 외형보다는 내면, 경쟁력보다는 인간성, 획일성보다는 다양성, 노동력보다는 인격체를 지향한다. 반면 화학농 교육은 아이들의 내면적 성장보다는 외형적 성취도를, 과정보다는 결과를, 인간성보다는 경쟁력을, 다양성보다는 획일성을, 고결한 인격체의 관점보다는 우수한 노동력의 관점을 추구한다. 이런 점에서 유기농 교육은 결국 아이들의 성적이나 등수를 '초월'하게 된다. 성적엔 별 신경을 안 쓰기도 하지만, 혹시 성적을 보더라도 아이가 무슨 과목에 더 흥미를 보이는지, 어떤 것을 더 잘 할 수 있는지에 초점을 둔다. 그리고 성적 변동의 추이를 분석하여 아이가 봄에는 어느 정도였는데 열심히 노력한 결과 여름, 가을이 되면서는 얼마나 성숙해지고 발전했는지를 성찰하는 자료로 삼는다.

셋째, 유기농 교육은 마치 유기 농법에서 "작물은 농부의 발자국 소리를 듣고 자란다."는 말처럼 농부의 사랑과 관심이 중요하게 여겨지듯이, 자녀에 대한 부모의 조건 없는 사랑이 충분한지를 핵심으로 삼는다. 조건 없는 사랑, 바로 이것이야말로 모든 유기농 교육에 있어 최고의 밑거름이요, 웃거름이다. 부모의 조건 없는 사랑을 통해 아이들은 어릴 적부터 '나는 사랑

받고 있다.'는 느낌 속에서 이 세상 만물과 유기적으로 연결되어 있음을 느끼고, 자신의 내면적 욕구나 느낌에 솔직하게 반응할 수 있게 된다. 그렇게 자란 아이들은 시간이 흐를수록 삶에 대한 자율성과 책임성을 동시에 배우게 된다. 반면에 화학농 교육은 다른 사람 눈치 보기, 끊임없는 상대적 비교와 시샘, 타율적 또는 수동적 인간, 강자와의 동일시, 한편에서의 열등감과 다른 편에서의 우월감 조장, 거짓말하기와 변명하기, 이기주의와 무책임한 태도 등을 체계적으로 만들어 낸다. 바로 이런 과정 속에서 "마음이 있는 자는 길을 찾지만, 마음이 없는 자는 핑계만 찾는다."는 말이 나오지 않았을까?

넷째, 유기농 교육은 마치 유기 농법이 사물의 '때'를 알고 천지인이 서로 어우러지는 것을 기본으로 하듯이, 아이들의 내면이 성숙되어 가는 과정에서 스스로 '때'를 알고 '철'이 들 수 있도록 실수나 실패에 대해 관대하고, 다양한 경험 속에서 시행착오로부터 많은 배움과 깨우침을 얻게 한다. 내가 할 일을 한 다음엔 느긋하고 행복한 마음으로 기다릴 줄 아는 교육 방식이다. 결코 조급증을 갖지 않는 것이다. 반면 화학농 교육은 마치 화학 농법처럼 속도와 크기를 중시한다. 선행 학습이나 속성반이 유행하고, 내면이 충실한 인격체보다는 외양이 화려하고 점수나 학력, 학벌이 뛰어난 노동력으로 길러 내고자 한다. 그것도 남보다 더 빨리. 그러나 이것은 대개 좌절감과 죄책감, 피해 의식을 낳고 만다.

다섯째, 유기농 교육의 결실은 결코 화려한 색깔이나 거대한 외모를 띠지 않는다. 행여 겉으로는 볼품없어도 그 내면에서 자연스럽게 향기가 풍겨나는 그런 인격체가 유기농 교육의 결실이다. 그리하여 유기농 교육을 일관

끊임없이 주는 땅,
자연을
닮아 가는 삶

성 있게 받는 사람은 자율성, 자부심, 분별력이 높아진다. 행여 어려운 일이 생기고 장애물이 나타나더라도 이를 두려워하거나 포기하지 않고, 실패나 실수를 하면서도 정면 돌파하려는 성실함을 드러낸다. 유기농 교육은 실패를 관대하게 용인하지만, 화학농 교육은 은연중에 좌절과 포기를 강제한다. "사람은 실패했을 때 끝난 것이 아니라 포기했을 때 끝난 것이다."라는 말을 상기하면 유기농 교육이 얼마나 중요한지 새삼 절실히 느껴진다. 반면에 화학농 교육은 잘 팔릴 만한 상품, 즉 화려하고 그럴듯한 것 같지만 사실은 풍미도 없고 삶의 주체성도 빈약한 노동력을 길러 낸다. 그나마 요즘은 과잉 생산으로 후유증을 앓고 있다.

정리해 보자. 아이들 교육을 걱정하는 부모들이여, 자녀를 사랑하고 걱정하는 마음은 천 번 만 번 옳은 일이지만 과연 우리가 자녀를 사랑하는 '방법'을 제대로 알고나 있는지 되물어 보자. 우리가 자녀들보다 더 오래 살 수 없다는 것이 우리의 운명이요, 진실이라면 아이들이 우리 없이도 꿋꿋하고 행복하게 살 수 있도록 준비를 시켜 주는 것이 필요하다. 그렇다면 아이들을 시험 점수나 등수라는 수치로 가두지 마시라. 중요한 것은 스스로 앞가림을 하면서도 이웃과 더불어 따뜻한 마음으로 살아갈 수 있는 그런 사람이 아니겠는가? 점수로는 100점, 등수로는 1등을 기준으로 삼아서 아이를 바라본다면 늘 불행해진다. 이것이 진리다. 그렇다면 행복한 삶, 행복한 교육을 위해선 아이들의 내면에 초점을 맞추어야 한다. 과연 무엇을 아이들이 좋아하고 무엇을 잘 할 수 있는지, 바로 이것에 초점을 맞춰 보시라. 그러면 답은 나온다. 남들이 우러러보는 일류 대학에 진학한다고 행복해지는 건 아니다. 대학에 진학할지 여부, 또는 일류대 학생이 될지 여부조차 아이의 필요와 판단, 선택과 결정에 따를 일이다. 한마디로 멘토 역할, 즉 아이들이 부모의 못다 이룬 꿈이 아닌 자신의 꿈을 키우고, 경쟁자와의 비교가 아닌 자기만의 끼와 소질을 발견하여 나름으로 가장 멋진 삶을 엮어갈 수 있도록 격려하고 조언하는 역할을 하는 것이 참된 부모의 자세가 아닐까. 부모가 자녀 교육을 고민함에 있어 '책임성 있는 방목'이 필요한 까닭이다.

그래도 아직 '화학농 교육'에 대한 미련을 버리지 못한 부모님들이여, 지금 한국 사회에서는 한 해에 250명에서 300명의 10대 청소년이 자살하고 있음을 상기하시라. 자살의 주된 이유는 성적 문제, 진학 문제다. 주말을 빼면 하루 평균 1명꼴로 10대 아이들이 자살한다. 이 정도면 온 나라가 슬퍼하고 통탄하며 대안을 논의하고 나서야 하는 수치다. 그러나 불행히도 우리는 아무 일 없다는 듯 그럭저럭 지내고 있다. 그러는 사이 또 비슷한 일은 반복된다.

바로 여기서 잠시 상상의 날개를 펼쳐 보자. 성적 문제나 진학 문제 때문에 자살한 청소년이 있다 치자. 바로 그 죽은 아이를 끌어안은 엄마나 아빠의 심정을 느껴 보자. 과연 그 부모는 아이에게 뭐라 말하겠는가? "이 못난 녀석아, 엄마 아빠가 이렇게도 고생하면서 너를 공부시키느라 뼈골이 빠지는데 일류 대학 하나 들어가 주는 게 그렇게도 힘이 들더냐, 이 망할 녀석아."라고 나무라겠는가? 아니면 "아이고 애야, 엄마 아빠가 너에게 100점과 1등만을 강요하다니 정말 잘못했다. 제발 살아 주기만 한다면, 오늘 저녁에 밥이라도 같이 먹을 수 있다면 얼마나 좋을까."라며 울부짖겠는가? 인간성이 살아 있는 이라면 당연히 후자의 반응을 보일 것이다. 바로 여기서 묻고 싶다. "왜 우리는 아이들이 팔팔하게 살아 있을 때 그런 마음을 갖지 않는가?" 목숨이 끊어졌을 때야 비로소 근원적인 관점에서 생각할 정도로 그렇게 우리는 어리석은 존재들인가?

하나 더. 만약 자녀들이 '무조건' 일류 대학에 가기를 원한다면 이렇게 한번 물어 보자. 과연 일류 대학 나온 사람들 중 자기 자신이나 가족의 안위를 넘어 온 사회가 행복해지도록 진지하게 노력하는 이들은 도대체 몇 퍼센트나 될까? 나아가 우리나라를 망가뜨리는 사람들 중 일류대 출신이 많은가, 그렇지 않은 사람이 많은가? 대답이 뻔하다면 도대체 왜 우리는 아이들이 무조건 일류대에 가기를 갈망하는가?

굳이 그 대답을 찾자면 두 가지다. 하나는 일류대 출신이 갖는 기득권 때문이요, 다른 하나는 그걸 갈망하는 부모 자신이 가진 열등감 때문이다. 그러나 아이가 진정 행복하게 살 수 있도록 하려면 우리는 이 모두를 '초월'해야 한다. 기득권 의식이나 열등감에 갇힌 상태에서는 결코 어른이나 아이나 행복한 삶을 살 수 없다. 부모 스스로 자유롭고 행복하게 살지 못하면 결코 아이들도 자유롭고 행복하게 살기 어렵다. 부모 스스로 삶의 일상적 매 순간을 음미하면서 행복감에 충만해 있어야 비로소 유기농 교육도 가능해진다. 이것이 진리다.

자연을 닮은 인간관계와
삶의 행복감

이런 에피소드가 있다. 늘 70점 내지 80점을 받던 아이가 오랜만에 100점을 맞았다. 마침내 부모님을 기쁘게 해 드릴 수 있다는 들뜬 마음에 눈썹이 휘날리도록 집으로 달려와 엄마에게 외친다. "엄마, 나 100점 맞았어!"

그런데 이때 예상할 수 있는 엄마의 반응 중 매우 황당한 세 가지 경우가 있다. 첫째는 "그거, 네 답안지 맞니?"라고 묻는 것이다. 혹시 다른 아이 것이 아니냐는 것이니, 결국 자식을 믿지 못하겠다는 것이다. 둘째는 마음으로 기뻐하면서도 보다 차분한 어조로, "얘, 그런데 반에서 100점 맞은 친구가 모두 몇 명인데?" 하는 것이다. 자기 아이 혼자만 100점을 받아야 잘 한 것이지, 다른 애들도 모두 100점이라면 아무 것도 아니지 않느냐 하는 투다. 세 번째는 보다 장기적인 안목으로 말한다. "중간고사는 아무 것도 아니야. 기말고사가 더 중요하단다. 그러니 오늘부터 기말고사나 잘 준비해."

아이 입장에서 보면 이렇게 황당할 수가 없다. 기쁜 얼굴로 환하게 웃으며 무조건 "잘 했다."고 안아 주어야 할 엄마가 이런 식으로 반응한다면 아이는 아마도 최소한 무력감을 느끼거나 최악으로는 배신감을 느낄 것이다. 그런데 앞의 세 가지 반응보다 더 황당한 네 번째 반응이 있다. 그것은 엄마가 아이의 답안지를 찬찬히 들여다보더니 갑자기 그 답안지로 아이의 뒤통수를 때리면서 "이놈아, 이렇게 잘 할 수 있었으면서 왜 이제야 100점을 받아 오는 거야?!"라고 화를 내는 것이다. 아이 입장에서는 배신감과 더불어 좌절감을 느낄지 모른다.

하임 기너트Haim Ginott 박사는 『부모와 아이 사이』라는 책에서 "아이를 가장 잘 도울 수 있는 길은 아이가 느끼고 있는 감정뿐만 아니라 그 감정이 뜻하는 내용까지도 이해한다는 것을 보여 주는 것"이라 강조한다. 예컨대 아이가 "난 바보예요."라고 말하는 경우라도 부모가 진지한 태도로 "넌 정말 자기가 바보라 생각하는구나. 그런데 네가 현명하다고 생각하지는 않니?"라고 아이의 감정을 인정하면서도 차분히 아이가 스스로 생각하게 하는 것이 낫다. 이때 아이가 "아뇨."라 한다고 해도 부모는 "에이, 바보!"처럼 반응하면 안 되고, "그럼 걱정이 퍽 많겠구나."라고 하며 아이 마음에 공감하는 것이 좋다. 그러면 아이는 "예, 그래요."라고 말하며 안심한다. 부모가 마음을 알아주는 것이 위로가 되기 때문이다. 이때 부모는 "학교에서는 걱정이 더 많겠구나. 낙제하진 않을까, 성적이 나쁘진 않을까 해서 말이야. 선생님이 너를 지명하면 당황해서 알던 것도 생각 안 나기 쉽지. 어쩌면 무슨 말을 했다가 웃음거리가 되기도 하고, 그래서 네 생각엔 스스로 바보처럼 느껴졌겠구나…." 이렇게 말하는 동안 아이가 자기 경험담을 술술 털어놓을 수도 있다. 그러면 부모는 "하지만 얘야, 누가 뭐라 하든 내가 보기에 넌 좋은 아이야. 그런데 넌 그렇게 생각하지 않는 것 같구나."라고 말해 준다. 이런 식의 친밀한 대화, 애정이 넘치는 대화, 감정 이입의 대화야말로 참된 인간관계의 원천이다. 아이 입장에서는 부모가 자신의 내면을 헤아려 주고, 이해하며 공감한다면 스스로 자신의 존재를 새롭게 인식하고 삶의 자신감을 얻게 될 것이다.

반면에 앞의 엄마처럼 아이의 마음을 전혀 헤아리지 않고 어른 입장에서만 생각하면 아이는 "나는 아무리 해도 칭찬을 들을 수 없어."라고 생각하여 배신감, 좌절감, 허무감에 시달리며 삶을 포기할지 모른다. 독일의 심리치료사인 야야 헤릅스트Jaja Herbst는 『피해 의식의 심리학』이라는 책에서 "불쾌하게 느꼈던 상황이나 경험은 피해 의식을 낳"고, 고정 관념을 반복 생산해 "자신의 삶을 건설적으로 변화시킬 만한 능력이 자신에게 없다고 생각"하게 만든다고 한다. 이 책에서 저자는 "자기 비하와 자기 불신, 그리고 수치심을 통해 열등한 자아가 드러난다."고 한다. 그런 감정의 긴장 상태를 해소하기 위해 책임 전가를 하는데, "그 감정을 억눌러 자신에게 책임을 전가하든지, 아니면 외부를 향해 분노를 폭발시키는 방법을 택한다."고 쓰고 있다. 앞에 나온 아이는 분명히 '피해자-가해자' 역할 모델 속에서 스스로 피해자로 생각하고 행동할 것이다. 이런 경우 피해자는 가해자 때문에 자기 삶이 제대로 행복하지 못하다고 원망할 것이고, 가해자는 자신이 그렇게 많은 시간과 돈, 정성을 쏟아 보살펴 주었음에도 은혜에 보답하기는커녕 배은망덕하다고 피해자를 나무랄 것이다. 그러나 이런 관계 속에서는 '모두' 불행해진다. 아이는 아이대로 어른은 어른대로 자기 고유의 삶을 스스로 살아가며 각자 행복의 길을 추구할 필요가 있다. 다만 부모는 아이를 조건 없는 사랑으로 보살피되 삶의 선택은 아이가 스스로 하도록 하고, 또 그 책임도 스스로 지게 해야 한다. 부모는 아이의 선택 과정에서 좋은 조언자가 되고, 선택 후 노력 과정에서는 최선의 후원자가 되면 그만이다. 대신 선택해 주고 대신 살아줄 수는 없는 일이다. 부모 스스로도 자신의 삶을 살아야 한다.

오스트리아의 빅터 프랭클은 『죽음의 수용소』라는 책에서 스스로 경험한 나치의 지옥 같은 강제 수용소에서조차 무엇인가 주체적으로 창조하거나 사람을 사랑하거나 시련이 주는 의미를 찾아낸다면 삶의 희망이 생긴다고 했다. 그렇지 않다면 '실존적 공허감' 때문에 살아 있되 죽은 것이나 다름없고, 죽더라도 아무 의미가 없다. 실존적 공허감 속에서는 우울증, 공격성, 중독증의 덫에 빠지기 쉽다. 그래서 "사람으로 하여금 삶의 의미를 갖도록 강하게 이끌어 주는 것"이 절실하다고 한다.

다시금 맨 앞의 에피소드로 돌아가면, 그 아이가 점수를 70점을 받든 100점을 받든 아니면 설사 40점을 받든 부모는 아이를 '조건 없는' 사랑으로 감싸 안아야 한다. 중요한 것은 점수나 등수가 아니라 그 아이의 평화로운 내면세계다. 인위적인 세계가 아니라 자연의 세계가 중요한 것이다. 이렇게 상처 받지 않고 행복감에 젖은 아이들은 자연스럽게 자라면서 삶의 의미를 찾아 나갈 것이며, 그 속에서 자기 내면의 소질과 잠재력을 맘껏 뿜어낼 것이다. 이와 같이 사랑으로 엮어진 참된 인간관계야말로 매 순간 행복한 삶을 구성해 주는 가장 본질적 요소다. 이것이 자연의 품속에서 아이 셋을 기른 우리 부부가 거듭 확인하게 되는 삶의 교훈이다.

자연 속에서 느끼는
삶과 죽음의 본질

2009년 5월, "삶과 죽음이 모두 자연의 한 조각"이라는 구절을 유서에 남긴 채 인간 노무현은 자기 삶을 주체적으로 마감했다. 마치 독일 파시즘 치하의 지긋지긋한 죽음의 수용소에서 간신히 살아남았던 프리모 레비Primo M. Levi가, 자신의 의지가 아닌 부당한 외적 힘에 굴복하기 싫어 끝까지 살아남아 저항하고자 했던 그가, 오히려 자유의 몸이 된 뒤 마지막에 가서는 주체적으로 자기 삶을 종료시킨 것처럼…. 죽음 자체를 주체적으로 선택했다는 점에서는 매우 용감하고도 참신한 면이 있긴 하지만 이런 주체성조차 실은 상처받은 인간의 한 모습이기도 하다. 프리모 레비가 인간 이성을 마비시키는 파시즘 체제 자체로부터 깊은 상처를 받은 것이나, 노무현이 돈과 권력에 깊이 중독된 기득권 세력들에게 씻기 어려운 상처를 받은 것이나 크게 보면 비슷하다. 그래서인가 한편에서는 '파시즘 논쟁'이 일고 있고, 다른 편에서는 용산 철거촌이나 평택 쌍용차에서 '제2의 광주 학살'이 전개되기도 했다. 상처를 딛고 다시금 건강한 삶을 찾는 길은 쉽지 않다.

"삶과 죽음이 모두 자연의 한 조각"이라는 문제의식은 "자연은 인간을 위해 거기에 있는 것이 아니"라고 한 괴테나 "세상은 인간을 위해 존재하는가?"라고 질문한 '고릴라 이스마엘'의 문제의식과도 같다. 자연, 대우주, 세상 전체… 바로 그 속에 사람이 있고, 개인과 사회가 있고, 시스템이 있고, 체제가 있으며 삶과 죽음이 있다. 무엇이 잘 사는 것인지 근본적으로 따져 보지도 않은 채 나 하나 잘 살기 위해, 내 식구 잘 챙기기 위해, 인위적으로 만들어 놓은 인간 사다리 질서 위에 남보다 더 빨리 더 높이 올라가 더 많이 가져가려고 발버둥치는 우리 자신의 모습을 솔직히 보아야 한다. 우리 기업과 우리나라, 우리 민족을 최고로 만들기 위해, 만물의 영장인 인간 승리의 위대한 모습을

잘 발효된 **오줌 거름 퍼내기**

보여 주기 위해 편협하고 오만 방자한 삶의 방식을 더 교묘하게 개발하고 고집하는 우리 자신을 냉철히 되돌아볼 필요가 있다.

상처 받은 인간이나 중독에 빠진 인간을 구원하는 유일한 길은 오히려 가까이 있다. 그것은 사랑이다. 영화 「김씨 표류기」나 「해운대」에서도 잘 드러나듯 사랑은 병든 관계를 되찾게 돕는다. 그 사랑은 다양한 모습으로 드러날 수 있다. 그냥 곁에 있어 주는 것, 가만히 안아 주는 것, 서로 눈을 맞추는 것, 이야기를 들어 주는 것, 반응을 하는 것, 가려운 곳을 긁어 주는 것, 따뜻하게 손을 잡아 주는 것, 함께 걷는 것, 함께 별이나 달을 쳐다보는 것, 같이 밥을 먹는 것, 함께 배낭을 메고 여행하는 것, 얼굴을 보며 이야기

를 나누는 것, 함께 차를 마시는 것, 함께 공놀이를 하는 것, 같이 마을 공동체를 만드는 것, 생산이나 소비 공동체를 꾸리는 것, 지렁이와 흙을 소중하게 바라보는 것, 들풀에게 감사하는 것, 자연이 주는 선물을 서로 나눠 먹는 것, 똥오줌을 거름으로 만드는 것, 다른 사람을 인격체로 보는 것, 대자연을 소중히 여기는 것, 모두 더불어 사는 시스템을 만드는 것 등 무수히 많다.

불행하게도 이런 생각을 하는 이 순간에도 초등학생이 시험을 망쳤다고 자살하고, 재산 다툼을 하다가 부모를 죽이기도 하고, 노동자들은 정리 해고에 결사 저항하고 있으며, 직장인 70퍼센트가 '워킹 푸어working poor, 노동 빈민'가 되어 버렸다고 한다. 영화 「똥파리」 속에 나오는 가정 폭력, 아동 학대, 용역 깡패, 조직 폭력은 지금 여

오줌 거름 준 땅에 **재거름 치기**

기의 현실에서도 여전하다. 공장에서는 예나 지금이나 생산성과 효율성이라는 이름 아래 인간 노동력과 자연 생태계를 일회용품처럼 쓰고 버리기를 반복하고 있고, 논밭에서는 농약과 제초제를 대량으로 살포하고 있다. 아직도 사람들은 주식 시세가 오르면 환호성을 지르고, 대형 마트에서 파는 상품을 대량 구입하여 대량 소비하는 것이 행복의 지름길이라 여긴다. 지금도 TV 뉴스에서는 노동자 파업으로 기업의 가치가 얼마만큼 떨어졌다는 따위의 말만 하고 있다. 갈수록 사람들은 자기가 산 아파트의 시세가 급등하기를 소망하고, 비록 부모는 '개고생'을 하더라도 자식 교육 잘 시켜 일류 대학, 일류 직장, 일류 직업만 갖게 된다면 소원이 성취되는 것으로

믿고 있다. 서경식 선생은 중국의 철학자 루쉰魯迅의 말을 빌려 "희망이 있다고 할 수도 있고 없다고 할 수도 있는 때가 절망의 상황"이라고 했지만 과연 우리 코앞에서 전개되는 이 '절망'의 시대에 희망의 실마리는 과연 어디에 있을까?

"내일 세상이 망해도 나는 소신껏 살며 나무 한 그루를 심겠다."

갈등과 전쟁의 시대에 마하트마 간디 Mahandas Karamchand Gandhi 선생이 영국 제국주의와 그 앞잡이들에 대항해 손수 물레를 돌리며 옷을 만들고 바다로 걸어가 소금을 만들어 먹으며 '비폭력 불복종' 운동을 전개한 것처럼, 또 그렇게 하다가 폭력 앞에 자연스럽게 죽어간 것처럼 바로 이 시대에는 그런 불복종 정신이 더욱 절실해진다.

장 지오노 Jean Giono 의 소설 『나무를 심은 사람』은 한 인간이 이 세상에 태어나 할 수 있는 가장 소박하면서도 소중한 일이 무엇인지 잘 알려 준다. 바로 나무를 심는 일이다. 하나하나 심은 많은 나무는 숲이 되고, 숲은 샘을 만들어 내며, 샘물은 개천이 되고 강을 만든다. 강은 마을을 만들고 마을은 사람이 더불어 살 터전이 된다. 그보다 200년 전, 17세기 네덜란드의 저명한 철학자 스피노자 Baruch Spinoza 가 "내일 지구가 멸망한다 해도 나는 오늘 사과나무를 심겠다."고 한 것도 모두 이런 뜻이 아니었을까?(17세기의 스피노자는 독일 하이델베르크 대학으로부터 철학 교수직을 제의받았는데도 '철학의

아이들과 **나무 심는 즐거움**

자유'를 잃기 싫어 이를 거절한 것으로 유명하다. 20세기의 윤구병 교수가 철학 교수를 하다가 교수직을 훌훌 벗어던지고 유기농 농부이자 공동체 학교 교장이 된 것도 스피노자를 닮았다. 내가 존경하는 철학자들이다.)

간디의 불복종과 지오노의 나무 심기, 이것이야말로 '저항과 대안의 변증법'의 토대가 될 수 있다. 사람이 사람 노릇하며 제대로 살기 힘든 시대, 갈수록 삶의 행복보다는 삶의 스트레스가 더 빨리 증가하는 시대, 이 공간에서 간디의 불복종과 지오노의 나무 심기는 우리가 지금 여기서부터 무엇을 할 것인가에 대해 많은 시사점을 준다. 물론 지오노의 나무 심기는 비단 '나무'에만 국한되는 건 아니다. 그것은 사람이기도 하다. 노동력이 아닌 사람 말이다. 오늘날 흔히 사람을 나무에 견주어 '인재人材'니 '영재英材'니 하는 말들이 난무하지만, 실은 자본과 권력의 돈벌이에 동원되는 도구나 자원을 일컫는 말에 불과하다.

사람은 대개 자신의 삶을 마감할 때 세 가지를 후회한다고 한다. 첫째, 다른 사람들에게 좀 더 따뜻하게 해 줄 걸 하는 후회, 둘째, 인생을 좀 여유롭게 살 걸 하는 후회, 셋째, 정말 내가 하고 싶은 일을 하며 살 걸 하는 후회가 바로 그것이다. 결국은 먹고사는 문제, 즉 생존 내지 생계 문제 해결을 위해 아등바등 사는 사이에 평균 80년의 인생이 다 흘러가 버리고 만다. 그리고 다시는 돌아오지 않는다. 이것이 우리의 운명이다. 그렇다면 어떻게 살아야 하는가? 다시금 노동력이 아닌 사람으로 사는 삶, 생존과 생계에 허덕이는 것이 아니라 생활과 창조 속에 기쁨을 만끽하며 행복하게 즐기는 삶이 핵심이다.

다시 말해 자본의 돈벌이에 한평생을 바치고 허무하게 끝나는 인생이 아닌, 삶의 기쁨과 관계의 즐거움을 일상적으로 느끼며 날마다 작은 행복을 만들며 살아가는 인생, 그런 삶과 그렇게 사는 사람들이 필요하다. 그런 사람들이 자연 속에서 겸손하고 건강하게 더불어 사는 공동체, 자본과 권력이 사람들의 삶을 간섭하지 않는 그런 생태적 자율 공동체, 이것을 전국 방방곡곡, 세계 구석구석마다 창조하는 일이야말로 간디의 불복종과 지오노의 나무 심기가 우리에게 던지는 숙제가 아닐까? 이것이야말로 신자유주의 세계화 시대의 자본주의를 넘어, 또 관료주의와 전체주의에 의해 숨통이 막힌

끊임없이 주는 땅,
자연을
닮아 가는 삶

사회주의를 모두 넘어 진정으로 사람 냄새 나는 새 세상을 여는 길이 아닐까? 기득권층이 가장 두려워하는 사람은 돈이나 권력을 멀리 하려고 하는 사람, 생존이나 승진 따위에 벌벌 떨지 않는 사람, 자신의 소신에 따라 변함없이 살고자 하는 사람이다. 나무를 심고 사람을 기르는 도중에 설사 지구 멸망의 날이 온다 할지라도 우리가 꿋꿋이 하다 가야 할 일은 바로 이것일 게다. 혹시 그렇게 모두 공멸하고 수억 년이 또다시 흐른 뒤, 언젠가 우리가 심은 씨앗의 일부가 자연스레 새 생명이 되어 땅 위로 솟구쳐 오르지 말란 법이 있는가?

잡초에서 배우는
인생살이의 이치

작은 텃밭의 풀도 한동안 돌아보지 않으면 감당하지 못할 만큼 자라 버린다. 내가 심은 고추와 토마토가 어디 있는지, 파와 야콘이 어디 숨었는지 모를 정도다. 하얀색, 보라색 예쁜 꽃을 피웠던 도라지도 풀숲에 파묻혔다. 등이 땀에 흠뻑 젖도록 텃밭에서 풀과 씨름하시던 어머니의 마음이 고스란히 느껴진다. 자주 내린 비를 맞고 풀이 쑤욱 자라 버린 텃밭을 보는 이 순간, 땀 흘리는 모든 농민들에게 죄스러워지고 고마워진다.

그런데 가만히 생각해 보니 흥미로운 구석이 있다. 아내와 함께 풀숲에 숨은 작물을 조심조심 가려내긴 했는데, 이것이 풀 속에서 겨우 살아남아 키만 컸지 너무나 허약하지 않은가. 아하, 풀과 작물이 서로 햇볕을 많이 받기 위해 생존 경쟁을 하느라 키만 껑충하게 자라 버린 게다. 특히 풀은 오랜 세월 아무도 돌보지 않고 오히려 사람들이 원수진 듯 틈만 나면 뽑아 버리니 그 자생력이 엄청나다. 반면 작물은 사람이 거름도 주고 지주도 세워 주며 사랑으로 돌보니 어리광만 는다. 이런 배경을 가진 두 생명체가 '자유 경쟁'을 하다 보니 처음 작물 모종을 심었을 때만 해도 풀이 보이지 않았는데 어느새 풀이 작물을 이기고 더 많이 커 버렸다. 사람이 인위적으로 만든 작물이란 이처럼 자연의 힘 앞에 너무나 허약한 게 아닌가.

바로 이것이다. 따지고 보면 인류가 땅을 일구어 농사를 짓기 시작한 것은 기나긴 땅의 역사 중 불과 1만 년 안팎이다. 그간 사람들은 과일, 채소, 곡식 등 다양한 먹을거리를 작물로 재배해 왔다. 그러나 최근 100년 사이에 이 작물들은 사람의 자연스런 사랑을 넘어 온갖 인위적 사랑에 길들여졌다. 기계로 땅을 갈거나 화학 비료를 주는 것은 차라리 소박하다. 온갖 농약과 제초제로 범벅을 해야만 '상품성'이 있다. 점점 사람들은 작물을 '약물 중독'으로 몰아간다. 이제는 달고 맛있는 과일을 만들기 위해 영양제, 호르몬제, 방향제, 착색제는 물론 심지어 수입산 꽃가루로 인공 수분까지 시킨다. 사태가 이러니 광우병을 넘어 광과병, 광채병, 광곡병까지 생길까 두렵다. 이 모든 것을 효율성 또는 생산성의 이름 아래 자연스럽게 해치운다. 광우병이 상징하듯 우리가 제아무리 과학과 기술을 발전시킨다 하더라도 자연의 순리, 생명의 힘을 이길 순 없다. 이 단순한 진리를 잊어버리고 인위적 돈벌이 논리에 빠지는 순간 우리 인간은 '광인병'에 걸리고 만다. 광인병에 걸린 사람들이 광우병을 비롯한 온갖 질병을 만드는 건 시간문제다.

작물의 세계를 넘어 사람의 세계를 더 들여다보자. 사람들이 자연스럽게 모여들어 상부상조하며 오순도순 살던 마을이 갈수록 사라지고 이제는 모래알처럼 흩어져 산다. 몸도 마음도 모래알이다. 이제 사람들의 생존 전략은 알콩달콩 더불어 사는 게 아니다. 올림픽 구호처럼 남보다 더 빨리, 더

높이, 더 많이 성취해야 무한 경쟁에 살아남을 듯 보인다. 오죽하면 아이들을 한 달간 영어 캠프에 보내면서도 그 사이에 수학 공부를 하지 않으면 뒤처질까 불안해 하는 학부모들 때문에 캠프 기간 동안 틈틈이 수학 과외도 시키는 이상한 영어 캠프까지 나오겠는가. 그러나 인위적 사랑이 지나치면 작물도 사람도 허약해진다. 이게 핵심이다. 아이들도 '책임성 있는 방목'을 하면 훨씬 건강하고 행복하게 자란다. 사람 사는 데 인위적인 것을 완전히 배제할 순 없지만 가능한 한 잡초를 닮도록 그렇게 한번 살아 보자.

감나무야,
그동안 얼마나 많이 아팠니?

우리 집 마당과 텃밭 사이 경계선엔 감나무 두 그루가 서 있다. 큼직한 대봉감이 달리는 나무다. 집을 지은 지 얼마 안 되던 어느 날 잘 아는 분이 선물로 감나무 두 그루를 보내 주셨다. 감사한 마음으로 받기로 했는데 마침 내가 서울에서 강의가 있어 감나무를 실어 오던 시점에 집에 없었기에 전화로만 어디쯤 심으면 좋겠다고 설명했다. 나중에 돌아와 보니 감나무 두 그루가 잘 심어져 있는 게 아닌가? 둘 다 3년 정도 된 것이라 했다. 선물 치고는 참 고마운 선물이란 생각이 들었다. 앞으로 잘 가꾸어 감이라도 달리면 가족이나 친구들과 잘 나누어 먹어야지, 생각하니 가슴이 콩콩 뛰었다.

나름으로 거름도 주고 '과실수 가지치기'에 관한 책을 찾아 보며 가지치기도 했다. 그렇게 5~6년이 흘렀다. 그런데 생각보다 감나무가 잘 자라지 못하고 부실한 게 아닌가? 분명 자라기는 하는데 줄기가 별로 굵어지지 않았다. 중심 줄기 부분도 윤택이 잘 나지 않고 흰 곰팡이 같은 것만 부슬부슬

붙었다. 속으로 겨울에 동상을 입었나 보다 생각하며 그 다음 겨울엔 헌 옷으로 따뜻하게 감싸 주기도 했다. 그런데도 대봉감이 열리기는 하는데 개수는 몇 개 안 되는데다 그나마 제대로 자라기도 전에 떨어지기 십상이었다. 아는 분에게 막걸리가 좋다는 말을 듣고 일부러 사다가 부어 주기도 했다. 또 대장간에 가서 쇳가루를 얻어다가 뿌리 쪽을 파고 묻어 주면 된다는 말을 듣고는 어느 날 행사 때문에 들렀던 용인 에버랜드에 마침 대장간이 있기에 작은 농기구를 하나 사면서 무거운 쇳가루를 얻어다 뿌려 주기도 했다. 그렇게 거름도 주고 정성을 꽤나 기울였는데 그런 것 치고는 나무가 별로 튼실하게 자라는 것 같지 않았다. 게다가 어느 여름에는 감나무 잎사귀가 큼직큼직하게 자라지 못하고 이상하게도 오히려 쪼그라드는 듯한 느낌이 들었다.

그래서 하루는 내가 마음먹고 호미를 들고 나섰다. 감나무 뿌리를 한번 살펴보고자 흙을 좀 깊이 파기 시작했다. 혹시라도 뿌리가 병들거나 썩은 게 아닌가 하는 의심 때문이었다. 처음엔 별 의심 없이 파 내려 갔는데, 좀 깊이 들어가다 보니 이상하게도 호미 끝에 널찍한 고무가 걸리지 않는가. 아하, 이것이다 싶었다. 자꾸 옆으로도 파 보니 서서히 전모가 드러났다. 그것은 맨 처음 나무를 심을 때부터 생긴 문제였다. 묘목을 옮길 때 뿌리의 흙이 떨어지지 않게 묶어 두었던 고무 밴드 같은 것이 이리저리 칭칭 감긴 채로 그대로 남아 있었던 것이다. 나무가 오던 날 내가 집에 없었던 게 문제였다. 그 순간 나는 "아이고 나무야, 정말 미안하다."고 말하며 마음 깊이 사죄했다. 나무가 알아듣든 못 알아듣든 그건 중요하지 않았다. 아마도 알아들었을 것이다. 그렇게 사죄하면서 나는 나무의 뿌리를 옥죄고 있던 고무 밴드를 요리조리 잘라 냈다. 이미 나무가 땅속에 깊이 박힌 상태였기 때문에 고무 밴드를 온전히 풀어낼 순 없었기 때문이다. 그런 식으로 토막토막 잘라 낸 고무 밴드가 제법 많이 모였다. 그것을 보는 순간 나무가 그동안 얼마나 고통을 받았을까 하는 생각이 들었다. 놀랍게도 다른 한 그루 역시 그동안 뿌리에 고무 밴드가 묶여서 올바로 자라지 못했던 것임을 알게 되었다.

그렇게 감나무 두 그루를 고무 밴드로부터 해방시켜 주고 나니 내 마음은 하늘을 날 듯이 가벼워졌다. 아니나 다를까 그 이후로 감나무의 잎사귀는 윤택이 나기 시작했고, 잎 크기나 표면도 훨씬 좋아 보였다. 마치 나무가 자유와 해방을 진심으로 기뻐하는 듯한 느낌이 나에게 짜릿하게 전달되는 것 같았다. 그런데 중심 줄기는 워낙 많이 아팠던 때문인지 그다지 좋아지지는 않았다. 다른 감나무와 비교해 보면 많이 아팠던 사람처럼 좀 부실하다. 그럼에도 우리 나무는 바람이 불 때마다 나에게 고맙다고 인사를 하는 듯하다. 감이 달랑달랑 달리면서부터는 그 인사의 빈도와 강도는 더 세졌다. 나에게는 큰 기쁨이고 보람이다. 이듬해에는 과연 제법 굵은 대봉감을 꽤 많이 수확할 수 있었다. 그렇게 감나무는 정직하게 반응했다. 몸이 아프니 비실비실했고, 몸이 편해지니 좋은 과실을 선물해 주었던 것이다.

나는 우리 감나무의 뿌리가 고무 밴드에 의해 속박을 받다가 우연한 기회에 해방을 맞은 것처럼 우리 사회도 병든 뿌리로부터 하루빨리 해방되어 자유를 누려야 한다고 본다. 사실 아이들은 자유롭게 하고 싶은 공부를 하면서 행복한 마음으로 자라는 것이 아니라 늘 주어진 틀 속에 갇혀 자라고 있다. 어른들도 마찬가지다. 하고 싶은 일을 하면서 생계 걱정을 하지 않고 높은 삶의 질을 누리며 살아야 하는데도 시스템과 조직이 부과하는 테두리에 엄격하게 속박되어 살아야 한다. 그러다 보니 우리의 몸과 정신, 영혼은 결코 자유롭지 못하다. 헌법은 물론 대중 매체들에서도 시간만 나면 '자유로운 사회'라고 말을 하지만 진정 자유롭게 사는 사람은 별로 없다. 마치 고무 밴드에 뿌리가 단단히 묶여 구속당했던 우리 집 감나무처럼 말이다. 우리 사회의 객관적 구조나 우리 자신의 주체적 행위 속에 깃든 '고무 밴드의 속박'을 하루빨리 제거하지 않으면 우리 사회는 결코 대봉감과 같은 맛있고 멋있는 결실을 맺기가 어려울지 모른다. 수년 동안 말없이 고통을 참아 가며 마침내 이런 통찰력을 갖게 해 준 우리 감나무에게 다시 한 번 감사한다. 감나무야, 정말 고마워!

장마가 사라진 까닭,
내가 오줌을 모으는 까닭

2009년 여름부터 기상청에서 장마에 관한 예보를 안 하기로 했다고 한다. 다른 기상 예보도 그렇긴 하지만 특히 장마의 시작과 끝에 관한 예보는 이제 더 이상 맞지 않기 때문이라 한다. 온대성 기후였던 한반도는 지구 온난화로 말미암아 이제 아열대성으로 바뀌고 있기 때문에 예전의 장마는 더 이상 찾아오지 않는다는 설명이다.

그럼에도 기분이 좀 찝찝한 것은 지금까지 기상청이 보다 정확한 예측을 한답시고 여러 차례에 걸쳐 초고가의 기상 예측 시스템을 혈세로 구입한다는 소식을 들은 기억이 있기 때문이다. 돈은 돈대로 실컷 쓰고 기상 예측은 별로 맞는 것 같지도 않다가 마침내 장마에 관한 예보는 아예 안 하기로 했다니 이 무슨 예산 낭비, 혈세 낭비인가?

하지만 정작 우리를 안타깝게 하는 것은 설사 예산 낭비, 혈세 낭비를 하지 않았다 하더라도 이미 심각한 지구 온난화로 인한 기후 변화가 우리 주변에 가까이 다가서 버렸다는 점이다. 그러니 예산을 극도로 절감해서 혈세를 아무리 아껴 쓴들 지구 온난화가 우리의 모든 삶을 송두리째 앗아가 버린다면 그 무슨 소용인가?

이런 점에서 기상 이변의 주범으로 꼽히는 지구 온난화 문제를 강 건너 불구경하듯 보아서는 안 된다. 사태의 핵심적 메커니즘을 잘 짚어 내고, 그에 따라 성실한 실천을 하는 것만이 범지구적 불행을 예방할 수 있다. 많은 돈을 후세들에게 물려주는 것보다 더 중요한 것은 살기 좋은 터전을 물려주는 것이기 때문이다.

지구 온난화를 일으키는 주범은 온실가스다. 온실가스란 태양이 뿜어내는 복사 에너지를 흡수했다가 지구로 방출하거나, 지구로부터 반사되어 나가는 복사 에너지를 품음으로써 지구를 데우는 기체다. 수증기, 이산화탄소, 아산화질소, 메탄, (대기권 내)오존, 불화탄소 등이 대표적 온실가스인데 공기 중 함유량을 고려할 때 사실상 가장 큰 영향을 미치는 것은 이산화탄소이다.

한국은 온실가스 배출량이 세계 10위이고 OECD 국가 중 6번째다. 2007년 독일의 민간 연구소 저먼워치Germanwatch가 각국의 온실가스 감축 노력을 수치화해 발표한 「기후 변화 보호 지수」 순위에서 한국은 56개국 중 최하위권인 51위를 차지했다. 세계 10대 경제 대국이라는 이름에 부끄러운 수치다. 온실가스의 대량 방출로 인한 지구 온난화는 빙하를 녹이고 해수면을 상승시키며, 강수량의 변화를 가져와 극심한 가뭄과 홍수를 초래하고, 농작물에 위협을 준다. 또 말라리아모기의 개체 수가 많아지고, 츠츠가무시병의 매개체인 활순털진드기의 분포 지역이 북쪽으로 확장되며, 최근에는 신종 플루와 같은 각종 새로운 질병이나 바이러스가 창궐한다. 한마디로 쾌적하고 행복한 인간의 삶을 살기 어렵게 되어 간다.

이렇게 심각한 악영향을 끼치는 온실가스는 왜 생기는가? 이산화탄소는 석유나 석탄 등 화석 연료를 태우는 과정에서 대량 생산되고, 또 숲이 훼손된 만큼 더 많이 방출된다. 웃음가스라 불리는 아산화질소는 마취제나 에어로졸 등 분사제에서 나온다. 메탄가스는 대량 축산으로 인해 발생하고, 오존은 자동차 매연이나 주유소 등에서 생긴다. 불화탄소는 에어컨과 냉장고 등에서 사용되는 냉매에서 나온다. 한마디로 대량 생산, 대량 소비, 대량 폐기를 핵으로 하는 우리 삶의 구조가 온실가스를 만든다. 이는 결국 성장 중독증에 걸린 우리의 사회 경제 시스템과 간편주의에 중독된 생활 방식의 문제로 귀착된다. 무한한 경쟁에 토대를 둔 사회 경제 시스템은 성장 중독에 빠져 갈수록 더 많은 공장과 더 많은 화석 연료를 요구하며, 간단하고 편리한 삶에 중독된 우리 자신은 에너지 과소비를 조장하는 각종 가전제품 등 소비재를 선호한다.

해결책은 개인적, 사회적 실천의 결합이다. 개인적으로 에너지를 비롯한 모든 물자를 절약하고 나무나 숲을 하나라도 더 많이 가꾸며, 소비 중독증에서 과감히 벗어나야 한다. 가능하다면 텃밭을 일구면서 일부 채소라도 자급하는 것이 옳으며, 그게 어렵다면 유기농 생협이나 직거래에 참여하는 것이 좋다. 또 사회적으로는 에너지 과소비 구조나 성장 중독증은 물론 무한 경쟁과 대량 생산 – 대량 소비 – 대량 유통 – 대량 폐기 등으로 엮어진 시스템 자체를 바꾸어야 한다. 사회적 실천 없는 개인적 실천은 사회적 자기기만이 되기 쉬우며, 개인적 실천 없는 사회적 실천은 자기 실패로 끝나기 쉽다. 시간은 그리 많이 남지 않았다.

일례로 나는 아침마다 부춛돌식 뒷간에 가서 똥을 누고 이를 거름으로

만든다. 부춘돌식 뒷간은 재래식 변소와는 달리
똥물이 튀지 않아 좋다. 지긋지긋한 '똥물의 공
포'로부터 자유롭다. 수세식 화장실도 있지만 나
는 이 부춘돌식 뒷간을 선호한다. 물도 아끼고,
거름도 만들고, 기분은 더 좋다. 뒷간에 앉아서
작은 창으로 보는 경치는 봄, 여름, 가을, 겨울 시
시각각 모두 좋다. 오줌이 잘 삭으면 바로 앞의

퇴비를 쳐서 밭에 뿌리기 직전

텃밭에 잘 뿌려 준다. 오줌을 뿌릴 적엔 아버지로부터 물려받은 똥바가지를
쓴다. 새삼 아버지께 감사하는 마음을 느낀다. 또 그 오줌은 어머니께서 심
어 놓고 가신 작은 부추밭에 뿌려진다. 부추밭은 어머니의 살아 있는 유산
이다. 겨우내 추위를 이기고 봄이 되면 쏘옥 올라오고, 우리가 조심스레 잘
라서 부침개를 만들어 먹거나 겉절이를 해 먹고 나면 또다시 쑤욱 올라온
다. 내 오줌과 아버지의 똥바가지, 어머니의 부추밭, 이 세 가지가 모여서
훌륭한 유기농 반찬이 우리 밥상에 올라온다. 밥을 먹고 남은 음식물 찌꺼
기는 닭장으로 보내져 닭의 밥이 되고, 닭똥은 다시금 텃밭이나 두엄간으로
간다. 거름이 되는 것이다. 이런 식으로 밥이 똥이 되고 똥이 밥이 되는 생
명 순환형 살림살이, 이제 개인적 실천과 함께 사회적으로도 시스템 안에서
녹여 내야 한다. 이것만이 희망이다. 지구 온난화니, 기후 변화니, 녹색 성
장이니 호들갑을 떨지만 해답은 거창한 것에 있지 않다. 땅을 존중하고, 생
명 순환의 자연적 이치를 거스르지 않으려고 노력하는 곳에 답이 있다. 그
렇게 되면 장마가 와도 무섭지 않고, 장마가 오지 않아도 무섭지 않다. 자연
의 이치에 순응하면 될 뿐이다.

03

사람과 자연이 더불어 사는 '살림살이 경제'

귀틀집에 함께 살다 떠나신
아버지와 어머니

원래 어머니와 아버지는 내 고향인 경남 마산에서 손바닥만 한 농사를 지으며 살고 계셨다. 고등학교 졸업을 한 1980년 초에 공부를 한답시고 내가 서울로 떠난 뒤 두 분은 자식으로부터 해방되어 홀가분하게 사셨다. 나보다 각기 11살, 14살 위인 두 형님들도 모두 따로 살림을 차리고 살았다. 아직 기력이 좋았던 두 분은 굳이 형님들이 모시지 않아도 살림살이를 잘 해결하셨다. 물론 가끔 자식들 집에 며칠씩 머물다 가시기도 했지만 형님들이 같이 사시자고 해도 "영감과 할멈이 그냥 오붓하게 사는 것이 속 편하다."고 하셨다.

그렇다고 아버지가 어머니께 자상하신 편은 아니었다. 오히려 정반대였다. 전통적인 가부장적 권위주의에다 개인적인 독선과 편견이 결합된 그런 스타일이었다. 그래서 어머니나 자식들, 심지어 이웃들로부터도 인격적으로 호감을 사지 못했다. 그럼에도 농사일이나 조상 모시는 일만큼은 정말 나무랄 데 없이 깔끔하게 하시는 편이었다. 하여간 그렇게 두 분은 티격태

격 하시면서도 그래도 영감 할멈 둘이서 사는 게 편하다고 느낄 정도로 그 냥저냥 살고 계셨다.

그 사이에 나는 대학을 졸업하고, 대학원을 마치고, 결혼을 한 뒤 큰아이 한결이를 낳고, 10개월 된 아이를 포대기에 안고 유학도 다녀왔다. 1994년 여름, 영구 귀국을 한 뒤 아이를 둘이나 더 낳았다. 둘째가 딸 아름이고, 막내가 아들 한울이다. 그때마다 우리 부모님은 우리가 살던 과천 집에 다녀 가셨다. 몇 번은 어머니께서 갓난아이를 돌봐 주신다고 꽤 오랫동안 머물다 가시기도 했다. 그때마다 아버지는 어머니더러 "어서 내려오라."고 안달이 셨다. 두 분이 같이 올라오시더라도 어머니는 잘 적응하셨으나 아버지는 그 렇지 않았다. 아버지는 서울 생활이 갑갑하셨던지 어머니께 "혼자 더 있다 가 오라." 하시고 마산으로 먼저 내려가시곤 했다. 우리 부부는 미안한 마음 에 아버지더러 "같이 지내다 가셔도 좋지 않느냐." 아예 "같이 사시자."고 제안했지만 요지부동이었다. 아무도 아버지의 고집을 꺾을 수 없었다.

내가 1999년 봄부터 조치원 서당골에 귀틀집을 지으면서 마침내 우리 부부는 고향에 계시던 부모님을 모시고 살기로 결심했다. 서울과 달리 텃밭 이 있으니 두 분이 심심하지 않을 테고, 게다가 손자, 손녀가 있으니 아이들 을 돌봐 주신다면 우리도 마음이 든든할 것이라 생각했다. 힘은 좀 들지만 아이들의 재롱에 시간 가는 줄 모르시지 않겠나 하는 생각도 있었다. 형님과 형수님도 다 그게 좋겠다고 했다. 그래서 1999년 여름, 이른바 대망의 21세 기가 출범하기 직전, 우리는 부모님을 모시고 3대가 함께 살기 시작했다. 정 말 오랜 꿈을 이룬 듯했다. 부모님, 우리 부부, 아이들 셋, 이렇게 3대가 모여 살기 위해 집을 설계하고, 실제로도 함께 살게 되니 정말 행복했다.

그런데 얼마 지나지 않아 한 가지 문제가 생겼다. 전부터 건강이 이미 상해 있던 아버지는 자꾸만 고향으로 가겠다고 고집스레 주장하셨다. 아마도 우리와 함께 계시다 보니 여태껏 혼자 마음대로 생활하시던 습관을 스스로 조절하기 어려웠을 것이다. 그래서 우리와 함께 살기 시작한 이후로도 몇 차례 고향으로 가시려 했고, 실제로도 내려가셨다. 가시면 좀 있다가 우리가 다시 모셔 오고, 또 좀 계시다가 '영양탕'도 사 드리고 몸을 보양시켜 드리고 나면 또 내려가겠다고 하시고…, 그런 식으로 마산과 조치원 사이를 오가는 여행 아닌 여행을 자주 하셨다.

그런데 아버지는 전기 요금이나 난방비를 극도로 아끼는 분이었기 때문에 감기에 자주 걸리셨다. 그 무렵에도 감기가 심해 홀로 고생을 많이 하고 계셨다. 걱정이 되었던 우리는 아버지를 마산에서 모시고 왔는데, 이번에는 건강 상태가 말이 아니었다. 그래서 창원에 계시던 둘째 형님께 급히 연락을 드렸더니 형님이 아버지를 모시고 마산의 한 병원에 입원을 시켜 드렸다. 아, 그런데 입원한 지 사흘 만에 아버지가 돌아가시고 만 게 아닌가? 1919년 여름에 태어나 1999년 초겨울에 돌아가셨으니 만 80세였다. 평균적으로 보아 오래 사시긴 했지만 우리가 좀 더 편안하게 잘 모셔서 어머니와 함께 두 분이서 알콩달콩 행복하게 사시는 모습을 보고 싶었는데, 그렇게 급히 가시니 정말 죄스러웠다. 그럴 줄 알았으면 내가 집을 좀 더 일찍 지었을 텐데 하는 아쉬움도 들었다.

그렇게 아버지는 우리와 함께 얼마 사시지도 못하고 마산에서 돌아가시고 말았다. 우리가 평소에 조상들이 누워 계신 선산을 찾을 때마다 아버지께서 "나는 나중에 우리 어머니가 누우신 자리 바로 아래쪽에 갈 것이니 그리 알아라."고 신신당부하셨기에 미리 지정해 두신 그 자리에 잘 모셨다. 지금 생각해 보면 그 무렵 아버지는 이미 당신이 삶을 마무리할 때가 되었다 생각하고 그렇게 혼자서라도 굳이 고향인 마산으로 내려가겠다고 고집을 피우신 게 아닌가 싶다.

아버지보다 7살이나 아래인 어머니는 그 뒤로도 우리와 함께 8년을 더 사셨다. 어머니의 적응력은 정말 뛰어났다. 고향에서도 농사일을 즐겨 하시던 어머니는 우리 집 텃밭을 놀이터 삼아 일을 하셨다. 사실 운동 삼아 일을 하시기에는 좀 큰 밭이라 내가 시간 나는 대로 같이했다. 텃밭에서 어머니는 내게 늘 선생님이었고 나는 학생이었다. 그렇다고 어머니께서 기술적으로 뛰어난 건 아니었다. 항상 이웃 어른들이 농사짓는 걸 보면서 하나라도 더 배우려 하셨다. 내가 어떤 작물을 언제 어떻게 심느냐고 여쭈어 보면 특별한 설명 없이 "그냥 다른 사람들 할 때 보고 하모 된다."고 하셨다. 결국 나는 어머니로부터 말로 배우기보다는 어머니께서 스스로 하시는 모습을 눈여겨 잘 보았다가 하나씩 따라 해 보는 식으로 학습을 하게 되었다. 그러면서 나는 "내가 학교에서 뭔가 많이 배우긴 했는데 농사일과 관련해서는 도대체 무엇을 배웠던가?" 하고 자문하게 되었다. 그래서 서점에 갈 때마다 농업과 관련된 책이나 들나물과 관련된 책을 수시로 사서 보았다. 그런 책을 하나씩 읽으면서 "아, 정말 내가 지금까지 배운 건 실제로 살림살이 하는 데는 별로 쓸모가 없는 것이구나." 하는 것을 느끼게 되었다. 개인적으로는 단지 부끄러운 측면일 뿐이지만, 사회적으로는 몹시도 위험한 측면이 아닌가 한다. 생각건대 과학 기술이 아무리 발전하고 국내 총생산액이 커진다

사람과 자연이
더불어 사는
'살림살이 경제'

해도 곡물이나 채소, 과일 같은 먹을거리를 자연적인 방식으로 생산하여 자립할 수 없다면 그 나라 살림살이는 결정적으로 큰 구멍이 뚫린 거나 다름없지 않겠는가?

그런 면에서 어머니의 모습은 나에게 두 가지의 큰 가르침을 주셨다. 하나는 텃밭에서 최소한 채소라도 자급하는 것이 행복한 살림살이라는 것이고, 다른 하나는 흙이나 채소들과 대화를 하면서 자연 속에서 소박하게 사는 것이 건강한 살림살이라는 것이다. 이러한 두 가지 원리를 개인적 차원을 넘어 사회적 차원으로 확장할 수 있다면 아마도 우리 사회는 희망이 생길 것이다. 그렇지 않고 오로지 개발지상주의를 신봉하면서 더 많은 돈벌이만 추구한다면 우리의 장래, 나아가 우리 후손들의 미래는 정말 암담해질 것이다.

게다가 어머니는 집에서 키우는 강아지나 닭, 고양이에게도 온 정성을 다하셨다. 물과 밥을 잘 챙기시는 것은 물론이고 심지어 명절에 고향에 가더라도 가축들 때문에 걱정이 되어서 오래 머물지 못하셨다. 때로는 강아지들을 나무라기도 하셨지만 절대로 함부로 때리지는 않으셨다. 그리고 늘 강아지나 닭, 고양이에게 말을 거셨다. "짐승이라 말을 못할 뿐이지 사람과 하나도 다를 게 없다."는 것이 어머니의 소신이었다. 텃밭에서 풀을 매시다가 메뚜기나 개구리, 심지어 뱀을 보고 깜짝 놀라면서도 침착하게 "저-리 가거래이."하면서 타이르듯 말씀하셨다. 그렇게 어머니는 세상과 공존하는 법을 몸으로 체득하고 손수 보여 주셨다.

어머니는 바느질도 곧잘 하셨다. 그 자체가 재미있거나 특별한 소질이 있어서가 아니다. 워낙 양말이나 옷 같은 것을 절약하셨기 때문이다. 어머니는 어릴 적부터 낮에는 밭농사, 밤에는 길쌈을 하면서 성장하셔서 옷 하나, 양말 하나라도 우리 세대처럼 함부로 쓰고 버리지 않으셨다. 손자들이나 내 양말을 어찌나 꼼꼼하게 기우셨는지 발바닥 전체가 두툼하게 느껴질 때도 있었다. 양말에 닳은 부분이 생기면 더 이상 기울 공간이 없을 때까지 덧대셨다. 아무리 허름한 옷이라도 우리가 버릴라 치면 어머니는 어딘가 꼭꼭 숨겨 두셨다가 나중에 다른 옷이 해지면 덧대는 재료로 쓰셨다. 그런 식으로 절약이 몸에 밴 분들이 바로 우리 어머니들 아닌가.

과연 우리 세대도 어머니 나이가 되었을 때 그렇게 살 수 있을까? 아마도 그렇지 못할 것 같다. 부모님 세대가 일제 식민지하에서 태어나 해방 정국과 한국 전쟁, 보릿고개를 거치면서 '찢어지게 가난한' 삶을 아는 세대라면, 1960년대에 태어난 우리는 산업화와 민주화를 몸으로 겪으며 자란 세대 아닌가? 그리고 이제 우리 아이들 세대는 대개 1980년대 후반, 즉 민주화와 소비주의 시기에 태어났기 때문에 '보릿고개'라는 말조차 들어 보지 못했고 TV와 컴퓨터와 인터넷, 나아가 MP3나 스마트폰 같은 것이 없는 세상은 상상도 못 하는 세대다. 한국 자본주의가 성공한 것은 우리 부모님 세대의 극도로 절약하고 스스로 만들어 나가는 삶의 방식이 우여곡절을 겪으면서도 대량 생산과 대량 소비에 대체로 순응해 버린 현재의 방식으로 전환되었기 때문이다. 이 과정은 곧 한편으로는 세련되고 간단하고 편리한 것을 추구하는 경향, 다른 편으로는 돈과 권력과 명예를 남보다 더 많이 갖는 것을 중시하는 경향이 심해진 것과 일치한다. 그런 식으로 우리가 사는 사회는 지난 반세기 동안 '발전'이라는 미명 아래 간편주의, 소비주의, 황금만능주의, 개발지상주의를 강화해 왔다고 할 수 있다.

결국 지금의 귀틀집에서 어머니와 함께 살았던 8년이라는 시간 동안, 나는 어머니의 삶을 통해 지금 우리 사회가 얼마나 병들어 가고 있는지 체험하는 기회를 가진 셈이다. 그동안 직접 텃밭을 가꾸거나 아이들 뒷바라지, 부엌 살림살이를 도와주신 것 외에도 어머니는 이런 식으로 나에게 엄청난 가르침을 주고 가셨다. 나에게 학문적 스승님은 별도로 계시지만 인생살이의 스승님은 단연코 어머니라 할 수 있다. 이 점은 아마 다른 사람들에게도 대체로 통용될 수 있는 보편적 진리가 아닐까 싶다.

요즘도 나는 문득문득 어머니 생각이 나서 왈칵 눈물을 쏟기도 한다. 그럴 때는 우리 집 우물마루 벽에 걸어 놓은 아버지와 어머니 사진을 올려다보며 혼잣말로 안부를 여쭙기도 한다. 그러던 2009년 어느 여름날, 나는 갑자기 어머니 생각에 '어머니 그리움'이라는 시가 물씬 솟아오르는 것을 느꼈다. 어느 시인의 말대로 "시가 내게로 다가오는" 경험을 한 것이다. 그대로 옮긴다.

뒷마루 빗자루 위에
사뿐히 날아든 짙은 색 노랑나비
어머니 가시던 날도 노랑나비 살짝 왔었지
이태 전 돌아가신 어머니가 다시 오셨나 보다

어느 날 아침
부춛돌 뒷간으로 가는 길
어머니 좋아하시던 방아나무 곁으로

부끄러운 듯 놀라 달아나는 작은 뱀 한 마리
행여 어머니가 나 몰래 살림살이 엿보고 계신 건 아닌지

한창 뜨거운 태양이
하늘 높이 솟아오르는 시점
텅 빈 집 마당에서
흰 빨래 널고 있는데
불현듯 어머니가 여기로 지나시던 모습이 아른거리네

손바닥만 한 작은 텃밭
옹기종기 솟아오르는 비름나물
어머니 계실 적엔 고소한 비빔밥도 자주 해 먹었네

하루가 멀다 하고
새록새록 자라나는 부추는
돈보다 귀하고 보석보다 귀한
어머니 물려주신 살아 있는 유산

남들은 냄새 나는
똥바가지 아니냐고
그게 무슨 보물이냐 갸우뚱하지만
아버지 물려주신 이 똥바가지는
밥이 똥이 되고 똥이 밥이 되게 하는

살아 있는 귀한 유산

온 가족이 텃밭에서
풀을 매고 이랑을 만드는데
어머니가 우릴 보신다면
얼마나 기뻐하실지
하얀 이 드러내고 환하게 웃는 모습
자꾸만 눈에 선하네

어머니는
살아 있는 박물관

대부분의 어머니들이 그렇겠지만 나는 '우리 어머니 같은 분들만 있으면 자본주의가 금방 망하겠다.'라는 생각을 자주 했다. 우선 어머니는 시장에서 사는 것이 거의 없었다. 자본주의가 요구하는 대량 소비의 주체, 즉 일반적인 소비자의 모습과는 거리가 멀었다. 오히려 마산의 산동네에 사실 적에는 텃밭 정도밖에 되지 않는 작은 밭에서 나는 채소들을 잘 다듬어 재래시장에 나가 하루 종일 앉아 파시기도 했다. 시금치, 상추, 배추, 무, 비름나물, 호박잎, 머위 잎 따위를 깔끔하게 다듬거나 적당히 데쳐서 앙증맞게 묶은 다음 시장으로 가시는 것이었다. 그렇게 해서 어머니는 내가 중학교를 다닐 적에 버스 요금이나 책값도 기꺼이 대 주셨다.

여기서 잠깐 내가 중학교 가기 직전의 모습을 들여다보자. 1973년 말 아니면 1974년 초였을 것이다. 초등학교를 졸업할 무렵이었다. 그 몇 해 전 박정희 전 대통령의 아들이 중학교에 입학할 때 이른바 '뺑뺑이' 제도가 생겼다고 했다. 입학시험 없이 중학교에 진학하는 제도다. 이유야 어떠하든 입시에 시달리지 않아 좋았다. 나도 뺑뺑이를 돌렸다. 번호는 13번이었다. 내 기억에 12번은 마산중학교였는데, 13번은 창원중학교다. 생전 들어 보지도 못했던 학교였다. 추첨제 이후 창원중학교가 처음으로 마산 학군에 포함되었기 때문이다. 게다가 마산중학교는 우리 집에서 걸어 갈 수 있는 곳이었지만, 창원중학교는 (당시에 별로 차가 없던 시절인데도) 버스를 타고 30분 이상 가야 하는 먼 곳에 있었다. 뺑뺑이 번호를 받고서 나는 한참 동안 멍했던 기억이 난다. 앞이 캄캄해졌다. 저녁에 집에 와서 어머니께 "이제 중학교는 창원중학교로 가야 합니다. 버스를 타고 한참 가야 한다는데…." 하고 말씀 드리니, "날마다 버스 차비를 어떻게 감당할끼고?" 하시면서 안타까운 표정을 지으셨다. 아궁이에 불을 때면서도 계속 혀를 쯧쯧 차시던 어머니가 마침내 "그냥 중학교는 가지 마라!"고 하시는 게 아닌가. 옆에서 조마조마 마음을 졸이며 불을 지피는 것을 거들던 나는 그만 눈물을 글썽이고 말았다. 그리고 어머니와 나는 한참을 서로 부둥켜안고 엉엉 울었다. 서러움의 눈물이었다. 가난함에 대한 원망의 눈물이기도 했다. 하필이면 먼 학교로 가야 하는 나의 얄궂은 운명에 대한 한탄의 눈물이기도 했다. 아마도 어머니로서는 자식 사랑이 돈 앞에 좌절당하는 것을 느끼면서 죄책감과 억울함이 뒤섞인 눈물을 흘렸으리라. 지금 생각하면 고작 버스 차비 몇 푼 드는 것 때문에 중학교 진학을 하네 마네 할 정도였으니 정말 한심하게 느껴지기도 한다. 그러나 당시 어머니는 그 정도로 가난한 살림살이를 꾸려 가고 계셨다. 날마다 들어갈 차비 몇 십 원이 걱정되어 사랑하는 자식더러 "학교를 더 이상 다니지 마라."고 화를 내시던 어머니 마음, 그 마음은 얼마나 아팠을까? 그렇지만 아마도 나는 그 덕에 더 이를 악물고 극도의 가난을 이기기 위해 정말 열심히 해야겠다는 결심을 한 것 같다. 아침마다 버스를 타고 다니는 마산에서 창원까지의 등굣길에서 나는 어머니가 주시는 잔돈이 결코 '잔돈'이 아닌 '뭉칫돈'이라 여기며 주먹을 꼬옥 쥐곤 했다. 손바닥만 한 텃밭에서 기른 채소를 팔아 내 차비를 대 주신 어머니, 그렇게 힘들게 사시면서도 늘 다른 사람들에게 자상하게 대하시던 모습, 그 어머니의 모습을 생각하면 지금도 눈물이 핑 돈다.

그런 상황이다 보니 어머니는 일상생활에서 모든 것을 극도로 아꼈다. '경제적인economical'이라는 영어 단어도 결국은 '절약적인'이라는 뜻이 아니던가. 요즘처럼 모든 것이 흔할 뿐만 아니라 초를 다투어 새로운 물건이 쏟아져 나오는 시대에는 절약이란 말이 무색해질 정도다. 전자 제품을 5년 정도 쓰다가 부품을 하나 바꾸려면 큰 가게에 가도 벌써 "이제 그런 부품은 더 이상 생산되지도 않아요."가 흔히 듣는 답변이다. 그런데 어머니는 뭐든 한 번 사면 평생 쓰실 듯 아끼고 또 아끼셨다. 물조차 '물같이' 쓰지 않았다. 아침에 얼굴을 씻으면 그 물로 걸레를 빨거나 다른 걸 꼭 씻고 버리시거나 두었다가 나중에 또 쓰셨다. 친지나 이웃집 결혼식에 가서 답례품으로 양은 냄비나 그릇, 유리컵 같은 것을 받으면 찬장 안에 꼭꼭 숨겨 두셨다. 지금 쓰던 걸 다 쓰고 나중에 쓰시려는 것이다. 그러나 그때 쓰시던 것도 얼마나 아끼셨는지 못 다 쓰고 돌아가셨다. 찬장 속에 꼭꼭 숨겨둔 것은 결국 자식들이 하나씩 갖고 가서 쓰게 되었다. 유산 아닌 유산이 된 셈이다. 가장 눈에 띄는 절약은 양말이나 옷에서 나타났다. 나는 어릴 적에 어머니가 기워

사람과 자연이
더불어 사는
'살림살이 경제

주신 양말이나 옷을 부끄러워했던 적이 많다. 다른 아이들은 모두 새것만 입고 다니는 것 같았다. 때로는 어머니를 원망하기도 했다. 지금 생각하면 정말 자랑스러울 뿐만 아니라 오히려 부끄러워했던 그 행위가 참 부끄럽게 느껴진다. 어머니 돌아가신 지 2년이 넘은 지금도 나는 어머니가 손수 기워 놓으신 양말을 신고 다닌다. '예전 같으면 이 기운 양말조차 해지면 또다시 기워 주실 텐데' 하는 생각을 하면 눈시울이 뜨거워지기도 한다. 나나 아내만 해도 더 이상 양말을 기워서 신을 생각까지는 하지 않는다. 이미 자본주의 소비 행태가 체질화된 탓일까?

어머니의 삶의 방식은 광고나 유행 따위와도 거리가 멀었다. 요즘 같으면 '유행 따라 삼천리'라고 해야 할 정도로 유행이 퍼지면 너도나도 그렇게 하려고 덤빈다. 그런 것 모른 척하고 살고자 하면 아마도 외계인 취급을 받을 것이다. 어머니는 그런 점에서 외계인이나 다름없었다. 자주 들으시던 라디오나 저녁마다 보시는 텔레비전 연속극의 앞뒤에 나오는 광고도 어머니께는 그저 귀여운 아기나 멋진 남녀 '구경'을 하는 정도에 불과했다. 광고 내용은 아무런 호소력이 없었던 셈이다.

우리가 가끔 인기 있는 스타일로 새 옷을 사다 드리면 "아이구, 고맙다." 하시면서 반기기보다는 "장롱 안에 옷이 천지인데 뭐할라꼬 또 옷을 사나?" 하셨다. 받아 두더라도 그냥 입으시는 법이 거의 없었다. 새 옷은 곧장 장롱 속으로 들어갔고, 몇 년 뒤에 입으신다고 꺼내 보면 이미 '낡은' 것이 되고 말았다. 이것은 마치 시장에서 파치깨어지거나 흠이 난 과일을 사 오시더라도 늘 더 많이 상한 것부터 드시니 평생 성싱하지 않은 것만 드시는 것과 꼭 같았다. 광고나 유행보다는 자신의 필요나 절약이 어머니의 살림살이 원칙이었

텃밭에서 직접 기른 콩으로 **메주를 빚으며** 즐거워하시는 어머니

으니 더 이상 할 말이 있겠는가?

어머니가 우리와 함께 사실 적에 우리는 어머니 덕에 콩 농사를 지어 메주를 스스로 빚어 집 된장을 담글 수 있었다. 사실 스스로 만드는 것이나 스스로 만족하는 것 또한 자본주의에는 치명타가 아니던가. 텃밭에 콩을 심어 콩과 메주를 철저히 자급하려 마음은 먹었으나 텃밭 농사가 서툴러 추수한 콩은 메주 담기에 턱없이 모자랐다. 읍내 장에 가서 메주콩을 한두 말이라도 사야 겨우 우리 식구가 일 년 먹을 양이 나왔다. 우리 식구가 워낙 된장을 좋아할 뿐 아니라 손님들도 많이 오시니 아마도 다른 집보다 된장을 서너 배 이상은 먹을 것이다.

중요한 것은 어머니 스스로 오랜 세월 동안 메주를 담아 오셨기에 인터넷이나 책을 뒤적거릴 필요 없이 어머니의 말씀 자체가 하나의 '살아 있는 박물관' 역할을 했다는 점이다. 어머니와 함께 우리 부부가 메주를 만들기 위해 가마솥에 콩을 삶는 날은 집 마당이 일종의 축제 분위기였다. 나와 집 사람이 잘 삶은 콩을 서로 돌아가며 절구로 찧고, 어머니는 나무 주걱으로 이리저리 뒤적일 때 '이것이 진짜 사람 사는 맛인가 보다.'고 느꼈다. 특히 어머니는 방문 앞 툇마루에서 메주 모양을 만드실 때 가장 기분이 좋은 듯했다. 마디가 굵고 굳은살이 박인 어머니의 주름진 손, 산전수전 겪으며 자식 셋을 키워 오신 그 손이 돋보이는 날이기도 했다. 잘 찧어진 콩을 두 손으로 한 덩이 두 덩이 합쳐서 좀 비뚤어진 육각형 모양의 메주를 만드실 때, 어머니의 얼굴은 웃음으로 빛이 났다. 뭐가 그리 좋아서 웃으시냐고 내가 농을 걸면 어머니는 "메주가 살살 잘 만들어징께 기분이 안 좋나?"라 하시면서 이를 드러내고 허허- 웃으셨다. 지금도 메주를 담는 날이나 된장을 먹는 날에는 어머니의 흡족하고 포근한 얼굴이 몹시 그리워진다.

아버지의 삶을 통해 본
한 맺힌 살림살이의 역사

　　나와 아내가 발로 뛰며 귀틀집을 완성한 지 6개월도 채 되지 않아 아버지가 돌아가셨다. 아마도 아버지는 우리와 함께 최소한 몇 년 동안만이라도 더 사실 복이 없었나 보다.

　　아버지의 일생을 되돌아보면 우리 세대는 정말 복을 많이 받은 것 같다. 태어나신 1919년은 저 유명한 유관순 누나의 독립 만세 운동이 있던 해이니 때는 일본 제국주의가 조선을 약탈하던 때다. 아버지는 어린 시절부터 고향인 경남 함안군 칠원면 예곡마을에서 농사일을 하셨다. 밭갈이, 김매기, 땔나무 구하기, 논에서 피 뽑기, 추수하기 등 일이 많았다. 할아버지 소유의 들에서도 일했지만 남의 전답에 품을 팔러 가기도 했다. 그런데 할아버지가 요샛말로 '한량'이었던지 노름과 술에 빠져 아버지의 일 년치 품삯을 대신 받아서 쓰는 일이 잦았던 모양이다. 아버지는 할아버지의 그런 행위를 반복 경험하면서 일종의 피해 의식이 생겼다. 할머니는 아버지가 어릴 적에 돌아가셨기에 아버지는 엄마의 따뜻한 사랑을 제대로 받지 못했다. 여러 연구에 따르면 아이들은 어릴 적에 조건 없는 사랑을 듬뿍 받고 자라야만 자율적이고 책임성 있는 인격체로 자랄 수 있으며 세상과 맺는 관계도 원만해진다고 한다. 그런데 아버지는 사랑이 결핍되었고, 대신 피해 의식이 누적되었다. 이런 성장 과정이 아버지로 하여금 세상에 대해서는 불신으로, 어머니에 대해서는 군림(?)으로 나타난 것이 아닐까 한다. 왜냐하면 내 기억에 아버지가 어머니께 '잘 하신' 적이 별로 없는 것 같기 때문이다. 그래서 1999년 11월 15일, 아버지 별세 뒤에 나는 불경스럽게도 "아버지가 어머니께 유일하게 잘 하신 일은 당신이 먼저 돌아가신 일"이라고 태연히 혼잣말을 내뱉었던 것이다.

아버지는 25세이던 1943년, 당시 방년 18세의 어머니와 서로 얼굴도 모른 채 결혼식을 올렸다. 어머니는 1926년생으로 경남 구산면 수정마을이라는 소박하고 아름다운 바닷가에서 태어났다. 신혼 때에는 마산의 큰아버지 댁에서 함께 살았다. 큰아버지가 마산역에서 하역 노동을 하고 있었는데, 큰아버지의 권유로 아버지도 함께 부두 노동을 하게 되었다. 당시 일제는 한편으로 식량이나 목화 등 농산물을 약탈하고, 다른 편으로는 징용 노동자나 위안부들을 전쟁에 동원하고 있었다. '보국대'라는 노동력 동원 체제 속에서 일을 하면 군 동원을 면해 준다는 인센티브가 있었던 것 같다. 오늘날 대한통운의 전신이라 할 운송회사인 마루보시丸帽에 소속되어 막노동인 화물 하역 작업을 한 것이다. 아마도 두 형제는 함께 군대의 총알받이로 동원되기보다 좀 힘들더라도 막노동을 하는 편이 낫다고 판단한 것 같다. 하루하루 생계유지조차 힘든 상황 속에서도 두 형제는 티끌 모아 태산이라며 조금씩 모은 돈으로 밭뙈기를 좀 샀다. 그런데 나중에 알고 보니 큰 아버지의 외동아들이 그 땅을 몰래 팔아먹은 게 아닌가. 아버지는 맏조카 녀석에게서 배신감을 느끼게 되었고, 다시금 피해 의식이 축적되었다. 그럴수록 세상에 대한 원망과 불신, 어머니에 대한 폭언과 폭력도 늘었다. 그 사이에 해방은 됐지만 1947년에 해방둥이인 큰형을 낳은 부모님은 생활이 여전히 빠듯했다. 그런 조건 속에서 살림살이를 꾸리기 위해서는 첫째도 절약, 둘째도 절약, 셋째도 절약을 신조로 삼아야 했다. 절약이 부모님의 몸에 밴 배경이다.

몸이 망가질 정도로 힘껏 일한 결과가 맏조카로부터 배신을 당한 일이니, 아버지는 눈앞이 캄캄했을 것이다. 그 뒤로 부모님은 부산 영도로 이사했다. 아버지의 누님이 시집가 살던 부산에 막노동을 할 일자리가 생긴 것이다. 부산에서 맞은 한국 전쟁 중에 둘째 형이 태어났다(1950년). 당시 쌀이 든 가마니나 자루들을 나르던 하역 노동자들은 운반 도중 갑판이나 땅바닥에 간간이 떨어진 쌀알들을 조심스레 쓸어 모아 집으로 갖고 갔다. 모두가 굶주리던 시절이니 아내나 아이들과 밥을 해 먹는 재미가 쏠쏠했을 것이다. 언젠가 아버지의 낡은 수첩 안에서 항만노조 조합원 증명서를 본 적이 있다. 활동가는 아니었던 것 같고 아마도 부두 노동자가 되면 저절로 조합에 가입하게 되었던 것 같다. 어머니는 30세 전후였는데 미장이를 따라 다니며 보조 작업을 해 당시 하루 5천 원(빨간 종이돈)을 벌었다. 미장이는 성실히 일하는 어머니더러 자기만 따라다니면 그냥저냥 먹고는 살 것이라며 신뢰했다고 한다.

1950년대가 끝날 무렵 부모님은 다시 마산으로 이사했다. 그리고 1961년 가을에 마산 중앙동 판자촌에서 내가 태어났다. 때는 박정희식 개발 독재가 막 시작되려던 참이었다. 한량으로 살던 할아버지가 자식들에게 체계적인 교육을 시켰을 리 없었기에 수출 산업화 시기에도 아버지는 전형적인 산업 노동자가 되질 못했다. 결국 아버지는 여전히 막노동과 농사일을 하셨다. 일 년 내내 남의 집 농사를 지어 주고 받은 품삯은 나락 10섬이었다. 피와 땀과 눈물의 결실로 논밭 조금과 집을 하나 장만했다. 그 집이 돌아가시기 직전까지 사시던 마산시 신월동의 집이다. 그리고 내가 초, 중, 고교 시절 성장기를 보낸 집이기도 하다. 내 기억에 따르면 초등학교 저학년 시절만 해도 우리 집 울타리는 판자를 세로로 세워서 엮은 것이었다. 골목에 지나가는 사람들이 훤히 보였다. 판자 울타리가 블록 울타리로 바뀐 것은 아마도 초등학교 고학년 시절이었을 것이다. 나는 친구들과 함께 신나게 블록을 날랐다. 한 장 나르는 데 1원씩 용돈을 받은 것 같다.

한번은 내가 학교에서 돌아오니 아버지는 깡보리밥에다 소금 한 가지만을 반찬으로 점심을 들고 계셨다. 이런 아날로그형 삶의 장면들은 디지털과 가상 공간, 코스닥과 인터넷이 우리 삶을 지배하는 오늘날에도 내 기억에서 지워지지 않는다. 또 다른 기억으로, 어느 날 내가 배고프다고 하니 아버지가 부엌의 밥그릇을 내보이시는데 개미들이 새까맣게 붙어 있었다. 내가 소스라치게 놀라자 아버지는 웃으며 "개미 많이 먹으면 힘센 장사가 된다."고 하시는 게 아닌가. 그러면서 밥과 개미를 함께 드시며 날더러 따라 먹으라고 권했다.

내가 마산고등학교를 다니던 어느 날, 아버지는 여느 때와 마찬가지로 술이 곤드레만드레 취해 들어오셨다. 어릴 적 가졌던 소박한 행복에의 꿈이 갈수록 깨지고 힘든 생활이 계속되면서 좌절감과 피해 의식이 누적되자 스트레스가 극에 달했던 것 같다. 그 탈출구는 술밖에 없었을 것이다. 하필이면 그 날 나는 다음날 치를 기말고사 준비를 하고 있었는데, 아버지는 마루 판을 손바닥으로 때려 가며 장단을 맞추면서 밤새도록 노래를 부르셨다. 간혹 무슨 말인지 알아듣지 못할 정도로 욕설 섞인 독백을 하시기도 했다. 그때 어머니와 내가 서로 부둥켜안고 엉엉 울었던 기억이 난다. 그럴수록 공부에 대한 나의 열정은 더욱 거세졌다. 동시에 가난하지만 열심히 사는 사람들에게 '희망의 빛'을 밝히는 그런 사람이 되어야겠다는 내 나름의 '큰 뜻'을 품기도 했다.

이러한 아버지와 어머니의 인생 역정을 볼 때, 만 80세가 되시도록 큰 병 없이 사신 것만 해도 대단한 일이다. 아마도 내가 육체적으로 그렇게 힘들게 살았다면 만 50세도 채 넘기기 쉽지 않았을 것이다. 그런데 1999년 봄부터 조치원 서당골에 귀틀집을 짓고 부모님과 오랫동안 오순도순 살아 보려고 했던 나의 계획은 시간적으로 좀 늦었던 것 같다.

아버지의 죽음에 직면하면서 나는 '더 이상 할 수 있는 것은 없다.'는 사실, 즉 우리가 아무리 '할 수 있다.'고 외쳐도 그것은 한계가 있다는 점을 확실히 깨닫게 되었다. 신이 아니라 인간이기 때문이다. 그래서 억울하다기보다는 오히려 '한계가 있는 사람'임을 기쁘게 받아들이게 된다. 나의 독일 스승인 하이데Holger Heide 선생님도 "저도 아버지가 돌아가셨을 적에 '진정으로 슬퍼하기'를 배웠습니다. 슬픔 자체를 회피하거나 억압하기보다는 차라리 실컷 슬픔에 잠겨 보는 체험은 정말 아름다웠습니다."라는 편지를 보내 왔다. 역설적으로 나는 아버지가 살아 계셨을 적엔 별로 애틋한 마음을 갖지 못했지만, 돌아가신 그 순간부터 사랑의 감정을 느끼게 되었다. 진정한 슬픔을 통해 사랑을 느끼게 된 것, 이것이 아버지가 삶을 마감하면서 내게 주신 선물이다.

　한편 평생 돈에 한이 맺혀 모을 줄만 알았지 자신이나 남을 위해 편하게 쓰실 줄 몰랐던 아버지의 모습을 생각하면, "물은 흘러야 썩지 않는다."는 말을 새삼 절감한다. 동시에 아버지처럼 살다가 가는 것이 대부분 평범한 사람들의 모습이 아닐까 하는 생각이 든다. 크게 보면 오늘날 우리들조차 '꿈'을 품고 살기보다는 그저 '생계' 문제에 허덕이다 두 번 오지 않는 인생을 마냥 헛되이 보내는 것이 아닌가?

　오늘도 나는 아버지가 유산으로 남기고 가신 똥바가지를 어루만져 본다. 날마다 모아서 발효시켜 큰 통에서 잘 삭은 오줌을 때때로 텃밭에 뿌려줄 때 새삼 아버지의 땀과 눈물을 떠올리며 감사의 인사를 하늘나라로 보낸다. 「아버지의 소중한 유산」이라는 시 한 수가 자연스레 솟구쳐 적어 본다.

남들은 냄새 난다고 고개를 돌리지만

나에게는 너무나 소중한 유산

그것은

아버지가 남기고 가신 똥바가지

남들은 그게 무슨 유산이냐 비웃지만

나에게는 너무나 고마운 농사 친구

그것은

아버지가 평생 쓰시던 똥바가지

남들은 그게 무슨 필요가 있냐 묻지만

나에게는 참으로 쓸모 있는 보배

그것은

옹달샘 물을 길어 올리는 물바가지

남들은 그것 없이도 농사짓지 않느냐 하지만

나에겐 없어선 안 될 필수품

그것은

배추밭에 오줌 거름 골고루 주는 분무기

남들은 더러운 것 같다고 얼굴을 찌푸리지만

나에게는 구수한 냄새 어린 살림살이

그것은

땅을 살리고 사람을 살리는 생명의 밥그릇

강아지, 닭과
더불어 살기

아이들이 어릴 적에 토끼를 키운 적이 있다. 아이들은 마치 자기 동생인 듯 잘 보살피고 먹이도 주고 안아 주기도 하며 정말 좋아했다. 그런데 토끼는 키우기가 쉽지 않다. 우리 토끼도 어느 날 하늘나라로 갔다. 어린 아이들 마음에 상처가 컸다. 그래서 다시는 토끼를 키우지 않기로 했다. 대신에 강아지나 닭을 키우기로 했다.

닭들은 읍내 장에서 사 오기도 하고 아는 이로부터 얻기도 한다. 사료는 방앗간에 가서 청치나 쌀겨를 구해다 준다. 물도 자주 갈아 주어야 한다. 여름엔 풀을 뜯어다 주면 된다.

헬렌Helen Knothe Nearing과 스콧 니어링Scott Nearing은 "달걀도 일종의 착취"라며 닭을 키우지 않았지만, 나와 아내는 아이들 정서에도 좋고 유기농 달걀도 얻고 싶어 귀찮지만 닭을 키우기로 했다. 닭과 우리가 '서로 살아 있는 동안 각자 최선을 다해 잘 하자.'는 생각이다. 그런데 암탉들은 몇 년 키우면 알을 더 이상 낳아 주지 않는다. 그럴 때는 마을의 어른들께 보신을 하시라며 선물로 드리면 정말 좋아하신다. 닭들에겐 정말 미안한 순간이기도 하다. 사람들은 왜 잘 키운 닭을 직접 보신용으로 먹지 않느냐 하지만 자식같이 키운 닭을 직접 잡아먹는 일은 내키지 않는다.

강아지들은 정말 정직하다. 주인에게는 충실하고 낯선 이에 대해서는 여지없이 의심을 한다. 아파트와 달리 우리 집은 낮은 산의 중턱에 있는 열린 집이라 왼편과 오른편의 작은 산이 울타리 역할을 하고, 정면에 보이는 꼬불꼬불한 농로가 대문 역할을 한다. 그래서 우리 집은 울도 담도 없고 심지어 대문조차 없다. 그래서 집을 잘 지키는 강아지 또는 개가 꼭 필요하다. 개들이 '세콤'처럼 일종의 보안 시스템 역할을 하는 셈이다.

지금은 개가 모두 세 마리 있다. 그 이전에도 있긴 했지만 세월이 가면서 자꾸 식구들이 바뀌었다. 집을 나간 개, 죽은 개, 선물로 준 개 등 사연도 많았다. 지금 있는 세 마리 중 가장 나이가 많은 녀석은 '점박이'다. 알록달록 무늬가 예뻐 점박이라 부른다. 발발이 종자라 성견이 되어도 몸집은 작다. 점박이는 2004년 가을에 우리 집에 왔다. 돌아가신 어머니와도 엄청 친했다. 2007년 어머니 별세 뒤에 점박이 눈에도 눈물이 고였다. 나와 점박이가 같이 울었던 기억이 난다. 그 순간 점박이는 더 이상 보안 장치가 아니라 친구였다. 이 녀석은 몸집은 작지만 아주 당차다. 자기보다 덩치가 더 큰 다른 두 녀석을 깡다구로 압도할 지경이다. 점박이가 화를 내면 다른 두 녀석이 꼼짝 못한다. 점박이는 수놈인데 실은 장가를 보내 주려고 다른 두 녀석을 순차적으로 기르게 되었다. 그래서 다른 두 녀석들은 모두 암놈이다.

두 암놈 중 하나는 2009년 2월에 청주 인근에서 지인으로부터 구한 것인데, 진돗개의 후손이라 했다. 엄마는 백구였지만 순종은 아니고 잡종이라서 이놈의 몸 색깔은 검은색이다. 이름은 '깜짝이'다. 깜짝이는 까만색이기도 하지만 우리를 깜짝깜짝 놀라게 한다고 해서 붙인 이름이다. 주먹만 하던 녀석이 약 9개월이 지나자 어른이 되었다. 처음엔 겁이 나서 쇠줄에 묶어 개집에서만 지내게 했는데 얼마 전부터 그냥 풀어 놓고 지낸다. 닭을 풀어 주면 개를 묶어야 하고(점박이와 겨울이는 닭들이 돌아다녀도 무심한 편인데, 깜짝이는 바로 달려가 여지없이 물어 버린다.) 닭을 닭장 안에 가두면 개를 풀어줄 수 있다. 자유를 갈망하던 개가 풀려난 뒤에 얼마나 좋아하던지, 상상만 해도 내가 해방되는 느낌이다. 마치 우리 감나무 뿌리가 고무 밴드로 꼭 묶여 있다가 해방되었을 때 느낌과 비슷하다. 계속 풀어 놓으니 조금씩 얌전해진다. 결국 겉으로 드러나는 공격성은 내면적 억압의 결과라는 사실이 깜짝이를 통해서도 확인되는 셈이다. 물론 택배를 배달하는 차가 오거나 우편배달부, 낯선 손님이 오시면 깜짝이를 줄로 묶어야 한다. 낯선 사람은 좀 무섭다고 느낄 수 있기 때문이다. 덩치가 아주 큰 녀석이 재롱을 부리거나 쓰다듬어 달라고 훌쩍훌쩍 뛰면 내가 휘청거릴 지경이다. 집에서 약 2~3백 미터 떨어진 곳에서 어슬렁거리며 놀다가도 내가 손뼉을 치며 깜짝이를 부르면 쏜살같이 달려온다. 그 야생적으로 뛰는 모습이 너무나 멋있어 헐떡거리며 내게 덤벼드는 깜짝이를 살갑게 쓰다듬어 준다. 덩치는 크지만 어리광이 매우 심하다.

다른 암컷 하나는 2009년 여름, 저 멀리 남해에서 온 녀석으로 하얀 털복숭이다. 독일산 슈나우저의 후손인데 잡종인 것 같다. 이름은 '겨울이'다. 겨울이는 한배에서 난 4마리 중 하나인데 아는 분이 '가을이'와 '겨울이'를 선물로 얻어 가다가 우리 집에 한 마리를 주고 갔다. 원래는 흰색인데 시골

집에서 뒹굴다 보니 회색과 갈색이 모두 나타난다. 이 녀석은 공주병이 좀
있다. 점박이와 깜짝이는 우리가 어디 갔다가 돌아오면 서로 앞장서서 반갑
다고 난리를 친다. 그런데 겨울이는 '공주과' 처럼 고상한 자세를 하고 '이제
주인이 오나 보다.' 하는 듯 곁눈질만 한다. 가만히 앉아 있을 때도 점박이
와 깜짝이는 시골집 강아지처럼 앉거나 누워 있는데, 겨울이는 가능하면 공
주처럼 예쁘게 앉으려고 애쓰는 것 같다.

　　그런데 점박이는 아직도 장가를 가지 못했다. 예비 신부인 깜짝이나 겨
울이의 덩치가 너무 커서 '궁합' 을 맞추기 어렵기 때문이다. 그리고 보면 점
박이가 좀 불쌍하기도 하다. 이렇게 모두 개성이 뚜렷한 세 마리의 개는 대
체로 잘 지내는 편이다. 깜짝이가 아직 줄에 묶여 지낼 적에 내가 쓴 '강아
지와 닭 공동체'라는 시를 옮겨 본다.

덩치가 큰
진돗개 종자라고 하는
검은 개 깜짝이는 쇠줄에 묶여 있습니다

강아지 나이로
서른 살은 족히 된
땅딸한 점박이는
새로 온 여자 친구 꽁무니만 따라 다닙니다

한 달 전에 남해에서 이사 온

하얀 털복숭이 예쁜 강아지
이름은 겨울이
한동안 외롭던 점박이에겐
둘도 없는 애인이지요

점박이와 겨울이가
말복과 처서가 지난 요즘
뜨거운 사랑에 빠졌답니다

밤도 없고 낮도 없고
사람이 보나 안 보나
대통령 국장을 하든 안 하든
나로호가 성공이든 실패든
인간 세상사에 아무 관심 없이
열렬한 사랑의 몸짓을 해 댑니다

점박이는 겨울이보다
몸집이 조금 작기에
뭔가 버거워 보이기도 하지만

칠전팔기 구전십기라 할까요
부지런히 노력합니다
내가 한 수 가르쳐 줄 수도 없고요

점박이와

겨울이가 늦여름 사랑을 하는 동안

억울하게 쇠줄에 묶인 깜짝이는

멍하니 그들만 바라본답니다

언젠가 나도 좋은 날 오겠지 하면서

깜짝이가 쇠고랑 신세를 지는 까닭은

닭들을 못살게 굴기 때문이지요

요즘 우리 닭장은

풍경이 많이 달라졌어요

풍채도 좋고 목청도 좋은 수탉이

마지막까지 같이 살던 암탉들과

영원히 결별을 했기에

불쌍한 우리 수탉 눈망울

아침저녁으로 암탉을 찾아 대기에

팔월 십사일 조치원 장날

아내와 함께 헐레벌떡 달려가

건강하고 어여쁜 암탉

여섯 마리 샀지요

그런데 말입니다

얄미운 우리 수탉

우리한테 새 신부 영계를 여섯 마리나 얻었으니

고맙다고 코가 땅에 닿게 절하기는커녕

텃세 부린답시고

새 각시들한테 가정 폭력 행사하네요

호강에 겨워 요강에 똥 싼다더니

여섯 마리 암탉들

아직도 병아리 티 역력해

삐약삐약 꼬꼬꼭 꾸꾸꾹

갖은 소리 다 내지요

닭장 문을 활짝 열어 주니

아침저녁 텃밭으로 밤나무 아래로 출퇴근 한답니다

시간과 공간을 어떻게 잘 아는지

정말로 신기하답니다

점박이와 거울이도 여섯 마리 암탉들이

새 이웃인 줄 알고 깜짝이처럼 무식하게 대들지는 않아요

점박이만도 못한 수탉

불쌍하고도 좀 얄미운 수탉

오늘은 저 건너 남의 밭에 홀로 서서

잃어버린 옛날 암탉 찾는 소리

꼬-끼-오---

또 꼬-끼-오---

그렇게 한참 동안 혼자서 울더군요

마치 내가 2년 전 어머니 가신 뒤

마당 한 켠에 서서 저 멀리 어머니 찾아

마음으로 울어댄 것처럼

그렇게 찾던 것처럼

꼬-끼-오---

또 꼬-끼-오---

풀, 그리고 풀뿌리에서
배우기

요즘은 농번기다. 나는 이장과 교수라는 두 가지 일을 동시에 해야 하면서도 텃밭 일구기까지 하는 작은 농부이기도 하다. 아침마다 부춘돌식 뒷간에 똥을 누고 똥과 오줌을 따로 모아 퇴비 만드는 것도 중요한 일이다. 특히 오뉴월은 만물이 생동하는 철이라 농부의 '주적'으로 여겨지는 풀이 왕성하게 올라오기 때문에 밭에서 일하는 것은 곧 풀과의 '전쟁'이라 해도 과언이 아니다.

그러나 나는 작은 텃밭을 일구면서 풀에 대한 생각이 완전히 뒤바뀌었다. 이제 풀은 나의 '원수'가 아니다. 풀은 고마운 자원이자 선생님이 되기도 한다. 풀이 고마운 자원이 되는 까닭은 우선 풀을 베어 닭에게 주면 좋은 밥이 된다. 풀 속에 살며 풀을 먹고 살던 달팽이도 닭에게는 좋은 음식이다. 닭

유기농 달걀을 선물하는 닭의 가족

은 밥을 먹고 달걀을 낳아 준다. 닭이 싸는 똥은 마른풀과 뒤섞여 닭똥 냄새가 거의 나지 않으면서도 좋은 퇴비가 된다. 또 풀은 내가 직접 누고 모아 놓은 똥거름간에 같이 들어가면 똥이나 음식 찌꺼기와 함께 발효가 되면서 나중에는 좋은 유기농 퇴비가 된다. 풀을 베어 나무나 작물의 밑동 둘레에 잘 덮어 주면 보온, 보습 작용을 함과 동시에 다른 풀이 자라지 못하게 땅을 잘 보호한다. 그리고 풀이 있는 곳은 비가 내려도 흙이 잘 쓸려 내려가지 않는다. 요즘은 갑자기 강력한 비가 내리는 바람에 토사 유출이 심하다 하지 않던가.

또 풀이 좋은 선생이 되는 까닭은 생명의 원리를 지속적으로 가르쳐 주기 때문이다. 풀은 인간이 아무리 뽑아내고 잘라내도 결코 사라지지 않는다. 아무리 거름이 없고 척박한 곳이라도 기어코 살아 올라온다. 다시 말해 아무도 돌보지 않아도, 모두 미워해도, 상처를 받아도 결코 좌절하여 굴복하지 않고 꿋꿋이 잘 살아가는 것이다. 풀의 뿌리를 보면 정말 생명력이 왕성하다. 인간이 풀을 뿌리째 뽑았다고 자랑하는 그 순간에도 풀은 잔뿌리를 몇 개라도 흙 속에 남겨 놓는다. 그것이 시간만 좀 지나면 또다시 왕성하게 올라온다. 게다가 풀뿌리들은 서로 얽혀 서로가 서로에게 의지와 힘이 되어 준다. 흔히 '풀뿌리 민주주의'라고 이야기하는 것도 바로 이 '가장 낮은 곳에서 견디는 굳센 생명력' 때문이 아닐까. 돈과 권력을 좇는 사람들이 겉으로만 화려하게 내세우는 민주주의라는 것도 사실은 '속 빈 강정'에 불과하지 않던가.

가만히 생각해 보면 인간이 작물 경작을 시작한 이래 농작물이란 부단히 거름을 먹어야 함에 비해 풀은 그 어느 누가 보살피지 않아도 잘 살아감을 알 수 있다. 바로 이것이 풀뿌리의 힘이 아니고 무엇인가? 바로 이것이 야생성의 힘이 아니고 무엇인가? 반면 돈과 권력을 추구하는 기득권층은 풀뿌리 민초들이 가진 야생성을 통제하여 잘 길들인 뒤 온순함과 복종심을 당연시하도록 만들기를 원한다. 하긴 기득권층만이 아니다. 인류 전체가 자연에 대해 그렇게 통제할 수 있다고, 적절히 잘 통제하면 생산성과 효율성을 높일 수 있다고, 그리하여 농약과 제초제만 잘 뿌리면 풀을 잘 잡고 농작물을 대량으로 값싸게 생산할 수 있다고 착각하고 있지 않는가.

쇠스랑으로, 호미로, 괭이로, 텃밭을 일구고 있는 나에게 저 푸른 하늘을 유유히 날고 있는 새들이 이렇게 말한다. "오만한 인간들아, 자연의 야생성을 더 이상 감옥에 가두려 하지 마라. 우리는 절대 길들여지지 않을 터이니…." 이 말을 듣고 땅을 보니 내가 심은 작물 옆에 옹기종기 자라고 있는 풀들도 같은 말을 내게 한다. "너희가 우리를 아무리 뽑아낸다 해도 우리는 결코 굴복하지 않는다. 당장 보이지 않을 뿐, 조금만 있으면 우리는 기어코 다시 살아 올라오리라." 과연 우리 인간은 이 풀이나 새들이 가진 야생의 힘, 생명의 힘을 어떻게 회복할 수 있을까?

이제 우린
뭘 먹고 사나?

"이제 우린 뭘 먹고 살아야 하나?"라니?
1인당 국민 소득이 2만 달러에 이르고 세계 제11대 경제 대국이라고 하는
나라에서 이게 웬 뚱딴지같은 소리인가?

2007년 4월에 한미 FTA 협상이 타결되고, 그 전후로 수많은 사람들이 목
숨까지 던져 가며 반대를 외쳤다. 그리고 2007년 12월, "경제를 살리겠다."
는 후보가 대통령으로 당선되었다. 2008년 '실용 정신'을 강조하는 이명박
정부가 출범한 후 영어 몰입 교육, 4대 강 정비 사업, 미국산 쇠고기, 의료
보험 민영화, 공공 부문 민영화 등 핫이슈로 온 사회가 뜨거워졌다. 촛불 문
화제와 평화 시위를 통해 수많은 사람들이 '광우병 쇠고기 수입 반대'를 몇
달째 외쳤지만 결국에는 얄팍한 추가 협상 뒤 '관보 고시'가 강행되었고, 마
침내 2008년 7월부터 미국산 쇠고기가 팔리기 시작했다. 한우보다 3배나 싸
니 그동안 못 먹던 쇠고기를 이참에 실컷 먹자고 잘 사간다 한다. 그런데 바
로 그 순간에도 더 많은 사람들은 촛불을 들고 광장으로 나온다. "미친 소,

너나 실컷 먹어!'라고 외친다. 그 사이에 캐나다에서는 2003년 이후 13번째 광우병 소가 발견되었고, 인간 광우병 변형 CJD 의심 환자가 치료를 받는 중이라 한다. 캐나다에서는 2007년에만 40명이 (쇠고기 섭취와는 무관한) CJD로 죽었고 인간 광우병으로 지금까지 1명이 죽었다 한다. 물론 광우병 발생 수 18만 건 이상나 인간 광우병 수163명는 단연코 영국이 세계 1위다.

게다가 2008년 7월 5일에는 뉴질랜드산 쇠고기에서 살충제농약 잔류물이 나왔다 한다. 2008년 봄에 우리는 닭, 오리 등으로부터 비롯한 조류독감AI 공포증에 시달렸다. 또 2010년 봄에는 불규칙적으로 발생하는 구제역 때문에 몸살을 겪기도 했다. 바다 역시 상황이 심각하다. 굳이 서해안 태안 기름 유출 사태가 아니라 하더라도 해산물에서 기름 냄새가 나거나 중금속 함유량이 기준치를 초과하는 경우가 드물지 않음을 잘 안다. 하다못해 쌀, 채소나 과일은 안전한가? 따지고 보면 농산물도 우리가 긴장하고 일부러 의식적으로 선택하지 않는 경우 농약이나 제초제 투성이 아니던가? 이 모든 것을 종합해 보면 우리는 '이제 뭘 먹을 것인가?'라는 질문을 던지지 않을 수 없다. 하지만 그렇다고 공포에 질릴 필요는 없다. 정신을 바짝 차리고 개인적으로나 사회적으로 지혜로운 선택을 하면 된다. 경우에 따라서는 더 빛나는 촛불을 더 많이 들고 광장으로 나가 외쳐야 할 경우도 많을 것이다.

바로 여기서 우리는 미국의 환경운동가이자 채식주의자인 존 라빈스 John Robbins를 기억해야 한다. 한국에도 군데군데 입점한 '배스킨라빈스Baskin Robbins'는 꽤 유명한 아이스크림 회사이다. '배스킨라빈스'라는 이름은 동업자인 어브 라빈스Irvine Robbins와 버트 배스킨Burt Baskin의 성을 합친 것이다. 31가지 맛을 낸다는 이 아이스크림 가게는 현재 40여 나라에 4700여 개의 영업점을 가진 거대한 기업으로 성장했다. 아이스크림을 너무 많이 먹은 버트 배스킨이 심장병으로 죽은 뒤, 나이 든 어니 라빈스는 그 외동아들 존 라빈스에게 막대한 수익을 내는 배스킨사를 물려주려 했다. 그런데 존은 "지구촌 한 쪽에서는 어린이들이 2초마다 한 명씩 굶어 죽고 있어요. 이런 상황에서 32번째 아이스크림 맛을 만들어 내는 것이 저에게 어울린다고 생각하세요?"라며 아버지의 제안을 정중히 거절했다. 또 그는 아이스크림을 비롯한 각종 유제품과 축산물의 배경이 되는 축산업의 실체를 보면서 사람들이 잘 모르는 환경에 대한 진실과 육식의 폐해를 책으로 펴냈다. 건강한 식단 선택과 환경 보존, 더 자애로운 세계를 위해 '어스 세이브 인터내셔널 Earth Save International'을 설립하여 활발한 사회 운동을 하고 있다. 그는 1998년 『새로운 미국을 위한 식사 ; 육식―건강을 망치고 세상을 망친다』, 그리고 2001년 7월 『음식혁명』이라는 책에서 육식, 그리고 먹을거리가 사람에게 얼마나 큰 영향을 미치는지 자세하게 기록했다. 뿐만 아니라 자신의 아버지가 창업한 배스킨사의 아이스크림과 자신의 가족을 예로 들면서 아이스크림의 위험성을 경고했다. "아이스크림의 포화 지방과 설탕을 많이 섭취하면 심장마비에 걸릴 확률이 높다. 아버지의 동업자인 아저씨는 50대 초반에 심장마비로 사망했고, 아버지도 당뇨병과 고혈압으로 고생했다."

존 라빈스의 세 가지 메시지는 이렇다. 첫째는 내 건강을 위해서, 둘째는 이웃과 더불어 살기 위해서, 셋째는 동물의 생명권을 위해서 가능하면 고기를 먹지 말고 채식 위주로 살아가자는 것이다. 이왕이면 가까운 곳에서 나오는 유기농이 최선이다.

그렇다. 우리는 '미국산 광우병 쇠고기 수입 반대'를 외치며 촛불을 들었다. 그러나 따지고 보면 쇠고기가 꼭 '미국산'이라 문제가 되는 건 아니다. 나라를 불문하고 광우병 발생 위험이 있다면 모두 문제이다. 실은 그 비싼 한우조차 들판에서 유유히 풀을 뜯으며 자란 소는 얼마 되지 않는다. 대부분은 미국과 비슷하게 대형 축사와 같은 인위적 공간에서 효율적으로 '사육된다.'

그래서 한 번 더 따지고 보면 광우병만이 문제인 것은 아니다. 설사 광우병 또는 인간 광우병의 위험이 없다 하더라도 살충제, 제초제, 방부제, 성장 호르몬제, 항생제 따위가 쇠고기 속에, 스프 속에, 화장품 속에 알게 모르게 듬뿍 들어가지 않는가?

이렇게 보면 '쇠고기'만이 문제가 아니다. 모든 고기가 문제다. 나아가 채소도 문제다. 그러니 '모든 음식'이 다 문제다. 아하, 그렇다면 우리의 불안감, 걱정, 두려움을 근원적으로 없애는 길은 바로 '모든 먹을거리'를 건강하게 생산하고 건강하게 소비하는 일이다.

생각건대 우리가 현재 살고 있는 '대량 생산 – 대량 유통 – 대량 소비 – 대량 폐기' 시스템은 결국 얼마 되지 않아 자멸의 길로 갈 수밖에 없다. 벌써 석유 문제가 그렇고 음식 문제가 그렇지 않은가? 이 '규모의 경제' 구조를 그대로 둔 채 단순히 관리 감독과 감시만 잘 한다고 문제가 해결되는 건 아니다. 따라서 참으로 우리가 더불어 건강하고 행복하게 살고자 한다면 '규모의 경제'를 포기하거나 최소화해야 한다.

영화 「식객」에도 얼핏 나오지만 스트레스를 많이 받은 가축은 그 고기도 건강하지 못하다. 이윤을 위해 길러지는 동물이 건강한 사료를 먹고 사람들의 사랑을 받으며 자랄 수 있는가? 그래서 가능한 한 육식보다는 채식을 더 많이 해야 한다. 채소조차 가능한 한 텃밭에서 길러 먹든지 아니면 가까운 생협 매장이나 직거래를 통해 유기농 농산물을 구해 먹자. 당장은 돈이 아깝지만 꼭 필요한 것만 사기 시작해 6개월쯤 지나면 가계부 지출이 줄고, 1년이 지나면 의료비가 절약되고, 10년이 지나면 지구 건강이 회복될 것이다. 사람이 살고 땅도 살고 가축도 살고 그래서 온 지구가 한 가족으로 사는 방법은 이 길밖에 없지 않을까? 길지 않은 인생, 모두를 살리면서 나도 살 수 있다면 그것은 결코 어깨 무거운 일이 아니라 필시 즐겁고 행복한 삶일 것이다.

올무에 걸린
깜짝이 구하기

하얀 눈이 쌓인 겨울 뒷산, 얼마 전부터 목줄을 푼 채 자유롭게 돌아다니던 진돗개 후손 깜짝이 녀석이 그만 사고를 치고 말았다. 다른 개 두 마리와 때로는 장난도 치고 때로는 으르렁대기도 하면서 잘 놀더니 갑자기 마당과 툇마루 부근이 조용해진 것이다. 점박이와 겨울이는 보이는데 가장 덩치 큰 깜짝이는 보이지 않았다. 이상하다고 생각하며 점박이에게 다가가니 이 녀석이 오른편 산 쪽을 보고 웡웡 짖어 대는 게 아닌가. 어느새 겨울이도 나타나서 뭔가 심상찮은 움직임을 보인다. 순간 나는 '아, 뭔가 사고가 터졌구나.' 하는 생각이 들었다. 예전에도 눈 덮인 겨울 산에 산책을 갔다가 여기저기 올무가 놓여 있는 걸 본 적이 있지 않았던가.

그래서 나는 휴대폰과 펜치를 챙기고 장갑을 낀 다음 장화를 신었다. 중국 만리장성 여행 때 샀던 두툼한 털모자도 썼다. 막내아들 한울이도 함께 따라 나섰다. 둘 다 나름으로 완전 무장을 하고 점박이와 겨울이를 따라 산을 올랐다. 속으로는 '깜짝이 덕에 운동 좀 하게 생겼구나.'라고 생각하며. 차가운 겨울 산이지만 나무들은 그 추위에도 동상에 걸리지 않는가 보다. 앙상한 가지들, 부러진 가지들, 부러지다 만 가지들, 힘이 없는 가지들, 눈 밑에 쌓인 낙엽과 부엽토…, 모두 좋은데 아까시나무의 가시나 찔레나무의 가시는 정말 성가셨다. 점박이와 겨울이는 요리조리 잘도 피해 올라간다. 막내 한울이도 이제 중3이 되는 나이이니 제법 산을 잘 탄다. 엊그제 기저 귀 차고 우유병 들고 다닌 것 같은데 '녀석, 제법 컸구나' 싶은 생각이 든다. 그러고 보니 아이들과 함께 뒷산을 오른 지도 꽤 오래된 것 같다. 이런저런 생각을 하며 겨울나무를 붙들면서 힘겹게 산을 올라가는데 산 저 위에서 무 슨 소리가 나는 것 같았다. 내가 "깜짝아-"하고 크게 부르니 한참 저 편에서 "웡-웡-웡-" 하고 반응을 하는 게 아닌가? 반가운 마음에 나는 자꾸 깜짝이 를 불렀다. 분명 우리 깜짝이가 짖는 소리였다. "어서 나를 구해 주세요." 하는 듯 했다. 그러다가 또 아무 소리도 들리지 않았다. 약간 불안하기도 했 다. 조바심이 일면서도 한울이와 나는 점박이와 겨울이를 따라 산등성이까 지 서둘러 올라갔다. 이 녀석들이 얼마나 돌아다녔는지 발자국이 여기저기 흔적을 많이 남겨 놓고 있었다. 깜짝이가 소리를 내는 쪽으로 산길을 따라 제법 걸어가니 아, 저만치서 깜짝이가 컹컹대며 우리를 보고 반가워하는 게 아닌가? 순간 나는 내 예감이 맞았음을 알았다. 깜짝이가 올무에 걸렸던 것 이다.

다행히도 깜짝이는 올무에 목이 졸리지는 않았다. 목에 맨 띠가 단단한 올무 줄로부터 목을 보호해 준 셈이었다. 올무는 지름이 약 10센티미터 정 도 되는 나무에 단단히 걸려 있었고, 깜짝이는 머리가 온통 올무 속으로 들어가 있었다. 펜치로 올무의 쇠줄을 잘랐다. 그렇게 굵지는 않았지만 굉장한 강철 재질이라 한 번에 잘리지 않았다. 그래도 펜치를 갖고 가기 다행이었다. 깜짝이가 고맙다는 듯 워낙 날뛰는 바람에 자세히 사진을 찍을 수는 없었다. 그래도 휴대폰으로라도 대강 올무가 매였던 자리와 올무, 그리고 해방된 깜짝이를 하나씩 찍었다. 자유로워진 깜짝이는 마치 일제 아래 신음하던 조선 민중이 해방을 맞은 것처럼 날뛰며 한울이와 나에게 번갈아가며 인사를 하듯 달라붙었다. 자유가 그렇게 좋은 것이다. 나도 깜짝이를 보며 '우리가 이렇게 자유롭게 산다는 것만 해도 얼마나 행복한 것인가?'라고 맘속으로 말했다. 사실 그렇다. '기득권'이란 말을 많이 쓰지만 내 성한 몸, 나의 목숨조차 일종의 기득권인 셈이다. 추운 겨울, 올무에 걸려 죽을 뻔했던 깜짝이가 내게 가르쳐 준 것이다.

해방된 깜짝이와 함께 산을 내려오는데 갑자기 이런 생각이 들었다. "우리 인간은 비록 올무에 걸리지는 않았지만 돈과 권력이라는 '보이지 않는 올무'에 걸린 건 아닐까?" 그렇다. 개들은 시험도 없고 점수도 없다. 입시도 없고 스펙 쌓기도 없다. 취업도 없고 승진 제도도 없다. 월급도 없고 파업도 없다. 결혼식도 없고 장례식도 없다. 그저 주인집 지켜 주며 밥 먹고 살다가 때가 되면 가면 그만이다. 그런데 우리 인간은 '문명'이니 '발전'이니 하는 걸 온갖 제도로 만들어 서로 경쟁하고 심지어 전쟁까지 한다. 그렇게 비싼 비용까지 치르며 돈과 권력을 더 많이 가지려 발버둥치다 별로 행복하게 살지도 못한 채 삶을 마감하고 만다. 흔히들 우리는 '개 같은 인생', '개 같은 놈'이라고 폭언을 하기도 하지만 사실은 개만큼 사는 인생이나 개같이 사는 사람은 '좋은' 인생이거나 '좋은' 사람이다. 현대의 우리 인간이 오히려 '개

보다 못한' 그런 삶을 살고 있는 게 아닐까? 개는 물리적인 올무에 걸리지만 않는다면 비교적 자유로운 삶을 즐기며 살지만 우리네 인간은 '기득권 추구'라는 온갖 보이지 않는 감옥에서 허덕이며 겉으로만 화려하고 멋있게 사는 척하는 게 아닌가? 우리 깜짝이가 스스로 추운 겨울 산의 올무에 걸려 줌으로써 나 같은 인간에게 이런 교훈을 가르쳐 주려 한 것이 아닐까 하고 생각하니 갑자기 깜짝이가 고마운 선생님같이 느껴진다. 그래서 한 번 더 머리를 부드럽게 쓰다듬어 주었다.

농업을 보는
새로운 시각

"땅 파며 살기 싫거든 공부하거라." 이 말은 아이들이 행복하게 살기를 바라는 마음에서 부모들이 던지는 말이다. 선생님들도 마찬가지다. 이렇게 우리는 '땅으로부터 멀어지기 위해서' 공부하는 것처럼 삶의 목표를 세우곤 했다.

그러나 2008년 봄, 세계 50개 나라에서 곡물 파동과 식량 폭동이 일어난 것처럼 곡물이 충분히 공급되지 않는다면 우리는 굶어 죽을 수 있다. 요즘은 '과학 기술'의 시대니 '첨단 과학'의 시대니 하면서 떠들지만 아무리 과학이 발전한다 한들 배가 고프면 '밥'을 먹어야 한다. 물론 그 밥이란 쌀만 뜻하는 건 아니다. 밀가루도 좋고 고기도 좋고 과일도 좋고 채소도 좋다. 이 모든 것이 밥이다. 1999년에 시골에 집을 지은 뒤로 어설픈 실력이긴 하지만 손바닥만 한 텃밭을 일구기 시작하면서 이런 생각을 자주 하게 된다. 지금까지 내가 어머니나 아내와 직접 재배한 작물은 상추, 고추, 호박, 토마토, 감자, 고구마, 율무, 들깨, 가지, 배추, 치커리, 시금치, 부추, 결명자, 매실, 살구, 대추, 감, 메주콩, 팥 등이다. 욕심 같으면 벼농사도 해 보고 싶다. 이를 통해 나부터 밥상 혁명, 즉 소박하지만 건강한 밥상을 스스로 만들고 싶다.

그런데 오늘날 멜라민 사태나 식량 폭동 사태, 광우병 사태 등에서 보듯 우리 밥상은 '죽임의 밥상'이 되어 가고 있다. 일상적으로 살림의 밥상이어야 할 것이 죽임의 밥상으로 변하는 것만큼 비극적인 문제가 어디에 있는가? 생각해 보자. 우리가 하루 24시간 중 가장 행복하고 즐거운 시간이어야 하는 때는 바로 식사 시간이 아닌가. 사랑하는 가족이나 친구, 이웃과 함께 서로 정을 나누고 대화를 하며 같이 건강한 음식을 먹을 때가 가장 행복한 시간이 아닌가. 그리고 바로 그 순간을 위해 우리는 열심히 일하고 열심히 공부하는 것이 아닌가.

불행하게도 우리는 그렇게 행복하게 밥상을 나눌 시간조차 없다. 날마다 아침을 거르거나 정 안 되면 샌드위치 같은 간편한 음식으로 끼니를 때우기 일쑤다. 그것도 알고 보면 몸에 해로운 성분이 든 것이 많다니 정말 안심하고 먹을 게 거의 없다.

그러나 이런 걱정마저도 어쩌면 한가한 것인지 모른다. 이 세상에는 하루에 1달러도 안 되는 돈으로 하루를 살아야 하는 사람들이 10억에서 15억 명이라 하고, 지구촌의 절반에 이르는 사람들은 하루에 2달러 정도로 살아간다고 한다. 심지어 제3세계 최빈국들에서는 5초마다 1명씩 굶주림으로 죽어 간다고 한다. 지구촌의 한편에서는 비만으로 고통받고, 다른 편에서는 기아로 고통을 받고 있다. 크게 보면 지구촌의 '자아 분열' 현상이다.

그런데 2007년 말경에 1인당 국민 소득 2만 달러를 달성한 한국은 과연

사람과 자연이
더불어 사는
'살림살이 경제'

어떤가? 지금 우리가 돈이 좀 있는 덕에 곡물을 외국에서 사다 먹어서 그나마 다행이지, 만약 돈이 없다면 스스로 해결할 능력이 얼마나 될까? 한국의 식량 자급률은 놀랍게도 25퍼센트 내외다. 나머지 75퍼센트 정도는 외국에서 수입해 해결한다. 대단히 위험한 삶의 구조다. 그나마 자급률 중 90퍼센트 이상은 쌀농사이고, 그것도 100퍼센트 수입해 사용해야 하는 석유를 이용해야 가능한 수치다. 따라서 석유 빼고 쌀 빼고 보면 진짜 자급률은 5퍼센트밖에 안 된다.

그 와중에 터진 '쌀소득보전직불금' 부당 수령 사건은 과연 이 사회가 양심이 살아 있는 사회인지, 과연 정을 붙이고 살 만한 사회인지 의심하게 한다. 전국적으로 부당 수령이 의심되는 사람은 28만 명 정도라고 한다. 물론 모두 다 불법 수령자는 아닐 것이다. 중앙 정부와 지방 정부는 예외 없이 조사하여 불법 여부를 가려야 한다. 그리고 백성들 앞에 특히 농민들 앞에 완전 공개해야 한다. 부당한 수령 금액은 예컨대 그 100배를 물어내도록 하고, 모든 농민들 앞에 무릎 꿇고 사죄하게 해야 한다. 그 반성문은 철저히 공개하여 진짜 반성하는 것인지 당장 급한 불만 끄려는 것인지 백성들이 직접 확인해야 한다.

나아가 지금부터라도 국정 흐름이 땅 파서 농사짓는 분들을 존중하는 정책으로 가야 한다. 유기농으로 농사짓는 분들은 공무원 대접을 해야 한다. 그들이 교사나 의사, 법률가와 다름없는 대접을 받도록 해야 한다. 자동차는 없어도 살지만 농사는 없으면 죽는다. 동시에 집집마다 학교마다 회사마다 마을마다 조금의 터라도 있다면 텃밭 가꾸기 운동이라도 벌여 보자. 일부의 채소라도 스스로 길러 먹겠다는 자세, 직접 체험을 하면서 하나씩 넓혀 나가겠다는 태도, 밥상부터 건강하게 살려 내면서 마을과 사회를 건강하게 살려 내겠다는 비전, 이런 것이 삶의 희망을 가꾸는 일이다. 요컨대 살림의 경제냐 죽임의 경제냐, 바로 이것이 문제다. 혼란한 시기일수록 원리와 원칙에 충실해야 한다는 생각이 더욱 절실하게 다가온다.

사람과 자연의
공존 공생을 위하여

갈수록 생태계 파괴가 심각해지고 그 결과가 다시금 인간 세상에 역습을 가하는 요즘, 너도나도 "자연과 더불어 살자!"고 외친다. 심지어 돈벌이 경제에 목매는 기업조차 '녹색 경영'과 '지속 가능한 성장'을 부르짖을 정도다. '자연과 더불어 살기'란 원론적으로 좋은 일이다. 그러나 이것이 왜 요즘 들어서야 유행처럼 나타나게 되었을까? 그리고 기업가들이나 정치인들이 외치는 구호들이 참된 마음에서 나온 것이며 일관성 있게 실천될까?

영국의 시인이자 환경운동가인 폴 킹스노스Paul Kingsnorth의 「비문명 선언」이라는 글에 따르면 '문명사회'라고 하는 현대에 생명의 질서는 거의 붕괴 직전이다. 예컨대 전 세계 포유류의 25퍼센트가 당장 멸종 위기에 처해 있고 아시아나 중남미, 아프리카의 열대 우림이 1초마다 1.5에이커약 1800평=약 6000제곱미터씩 사라지고 있다. 또 세계 수산 자원의 75퍼센트가 붕괴될 위험에 빠져 있고, 인류는 자연이 제공하는 것보다 25퍼센트나 과잉으로 소비하고 있다. 무서운 일이다. 과연 이 야만적 '문명사회'는 얼마나 지속 가능할 것인가?

굳이 전문적인 용어나 수치가 아니더라도 현재 우리가 체험하는 생명의 위기는 삼척동자도 다 안다. 지구 온난화로 인한 극지방의 빙하 소멸, 동시에 폭설을 동반한 빙하시대의 도래, 쓰나미 같은 자연재해나 기상 이변, 중국이나 아이티에서와 같은 지진, 식량 위기, 석유 정점 시대를 지나면서 겪는 유가 폭등과 화석 에너지 위기 등이 바로 그것이다. 이런 면에서 이윤과 권력을 최고 가치로 여기는 이들조차 '녹색 성장'을 이야기한다고 이상하게 볼 필요는 없다.

하지만 왜 그들은 지난 수십 년 동안 온갖 진지한 경고를 모른 척 했을까? 예컨대 DDT 같은 살충제나 농약 때문에 벌레가 사라져 봄이 와도 숲에 새가 울지 않아 너무나 조용한 봄, 우울한 봄이 된 현실을 고발한 레이첼 카슨Rachel Carson의 『침묵의 봄』1962년이 출간된 뒤로도 '자연 정복'을 위한 살충제의 생산 및 사용은 도리어 몇 배 늘었다. 지혜로운 사람들이 진정성과 통찰력으로 지구의 미래를 걱정하고 있을 때 그들은 비웃으며 돈벌이에 바빴다. 그런데 왜 느닷없이 이제 와서 '징 치고 막 내릴 무렵'에 야단인가? 그것은 이제 더 이상 그런 식의 돈벌이가 잘 먹혀들지 않기 때문이다. 많은 자본을 투자해 봐야 갈수록 이윤의 폭과 양은 줄어든다. 게다가 소비자들의 의식이 높아져서 사람을 살리고 지구를 살리는 소비를 선호한다. 그러니 돈벌이를 위해서라도 '녹색'이니 '친환경'이니 하는 것들을 새 포장지로 활용하는 것이다. 그러나 미국 켄터키 주의 농부이자 작가인 웬델 베리Wendell Berry가 「파우스트 경제학」이라는 글에서 비판했듯 오늘날 우리는 '친환경적인'

식물성 자동차 연료를 생산한답시고 (그렇지 않아도 이미 망가진) 농경지를 더 황폐화한다. 바야흐로 '친환경' 자동차가 잘 팔리는 시대가 왔기 때문이다. 그래서 그는 "지구 온난화의 진짜 이름은 낭비와 탐욕"이라 확신한다. 우리 자신의 탐욕과 낭비적인 생활 방식 자체를 성찰하고 포기하지 않고는 미래가 없기 때문이다.

한편 과연 "자연과 더불어 살자."라는 표현은 적당한 것일까? 이미 우리 자신이 자연의 일부가 아닌가? 그렇다면 "자연의 품에 깃들어 살자."고 해야 하지 않을까? 마치 '어머니의 품에 잠든' 아이처럼 말이다. 만약 우리가 자연을 '저 외부의' 숲이나 강, 바위나 바다와 같은 것으로만 본다면 그것은 우리 자신을 자연과 분리하는 행위다. 그 결과는 자연을 일개 '자원'이나 '생산 요소', 즉 효율적으로 활용하여 돈을 버는 데 남용할 대상으로 여기게 될 것이다. 그러나 자연을 우리 자신을 낳아 주신 '어머니'로 여긴다면 나는 자연의 일부다. 나와 자연이 분리되지 않는다. 자연이 아프면 나도 아프다. 무려 22조 이상의 혈세를 들여 무지막지하게 파헤치는 4대 강 사업은 이 고통의 외침을 애써 외면한다. 사실 내 안에 깃든 본성도 자연이다. 영어 nature라는 단어에 '본성'이라는 의미도 있는 까닭이다. 그러니 우리는 결코 '자연과 더불어'가 아니라 '자연의 품에서' 살아야 한다. '자연 정복'보다야 낫지만 '자연과 더불어'라는 말도 오만하기는 마찬가지이다.

이제부터라도 자연의 품에 '깃들어' 살기 위해 낭비와 탐욕을 그만두고 절약과 겸손을 생활화해야 한다. 온 세상이 사람을 위해 존재하는 것이 아니라 오히려 사람이 세상을 위해 존재해야 함을 알아야 한다. 그래야 비로소 사람과 자연, 사람과 사람이 공생 공존을 할 수 있다. 4대 강 사업을 비롯

한 생태 파괴적 개발 행위를 당장 그쳐야 한다. 더 이상 '문명'이나 '개발',
그리고 '국익'이나 '일자리'라는 명분 아래 사람과 그 어머니인 자연의 삶을
파괴하는 범죄를 반복해서는 안 된다. 언론과 교육, 예술과 종교의 소명이
무엇인지 보다 뚜렷해지는 순간이기도 하다.

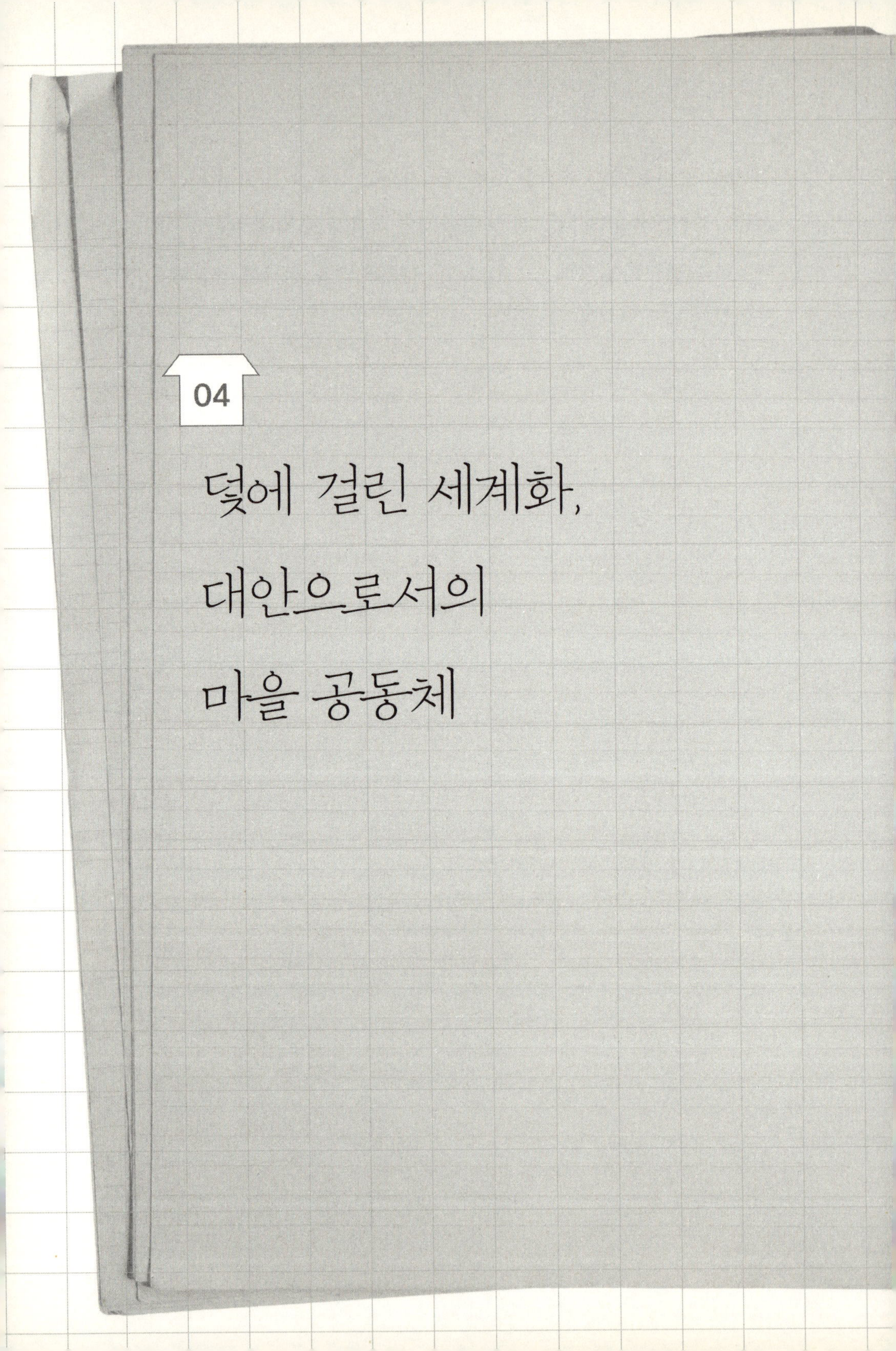

덫에 걸린 세계화, 대안으로서의 마을 공동체

"물을 대신할 수 있는 건
물뿐입니다!"?

「유린타운」이라는 뮤지컬이 있다. '유린'은 오줌을 뜻하니 '오줌마을'이라는 뜻이다. 내용은 도시 서민들이 공중 화장실을 목숨 걸고 지켜 낸다는 거다. 아니, 화장실 하나 가지고 목숨을 걸 필요까지 있는가? 뮤지컬에 따르면 그래야 한다. 왜냐하면 가난한 도시민들은 날마다 용변을 보느라 공중 화장실을 써야 하는데, 이 화장실은 물 부족 시대를 맞아 '민영화'된 것이라 갈 때마다 돈을 내야 한다. 한마디로 신자유주의 세계화 시대가 되면서 돈 없는 이는 똥오줌도 제대로 못 눈다. 기막힌 일이다. 돈이 없거나 돈을 내기 싫어 몰래 누는 사람들은 관리자에게 붙잡혀 다시는 돌아오지 못하는 비밀 장소인 유린타운으로 추방된다. 예컨대 가난한 노인 올 맨 스트롱은 돈이 없어 이른 아침에 화장실 입구에서 출입을 금지당한다. 마침 자기 아들이 보조로 일하기 때문에 혈연의 끈으로 좀 봐 달라 하지만 돈의 논리는 인정사정없다. 마침내 스트롱은 지린내 물씬 풍기는 죽임의 공간 유린타운으로 끌려가 죽는다. 민영화된 화장실 운영권자, 곧 배설 회사 사장은 뇌물로 정치인을 매수하고 거짓말로 대중을 조작한다. 그러나 회사의 횡포와 공공성 유린을 더 이상 참지 못한 시민들이 들고 일어나 끝내 화장실의 자유 이용권을 쟁취한다.

이쯤 되면 이것이 강 건너 불구경할 일이 아님을 느끼게 된다. 우리 사회도 대중적으로 물을 사 마시게 된 지 오래다. 예전엔 길을 가다가 목이 마르면 아무 가게에나 들어가 물 한 모금 고맙게 얻어 마실 수 있었다. 요즘은 돈이 없으면 갈증도 참아야 한다.

이명박 대통령이 오래전에 명백하게 "수도, 전기, 가스, 건강의 4대 공공 부문에 대해 민영화 하지 않겠다."고 약속했음에도 최근 정부는 「상하수도 서비스 개선 및 경쟁력 강화를 위한 법」을 추진하며 사실상 민영화를 강행하려 한다. 프랑스의 물 기업 베올리아Veolia도 눈독을 들인다. 29개 시민사회 단체로 구성된 '물 사유화 저지 사회 공공성 쟁취 공동 행동'은 명백한 수돗물 민영화 법안인 이것을 즉각 폐기하라고 요구했다. 필자가 초대 소장으로 참여한 '사회공공연구소www.ppip.or.kr'도 물 사유화를 비롯한 공공 부문 민영화의 문제점에 대해 체계적 연구를 수행한다. 아르헨티나와 남아공, 필리핀의 경우 운영권을 민간에 위탁하는 바람에 상수도 체계가 망가져 주민이 돈을 못 내면 수시로 물이 끊긴다. 한편 볼리비아 코차밤바 주민들은 물을 민영화한 정부의 신자유주의 정책과 초국적 자본 벡텔Bechtel을 상대로 결사 투쟁해 승리를 쟁취한 바 있다. 캐나다와 프랑스에서도 물 사유화에 저항하는 움직임이 거세다. 세계적 기업 네슬레Nestlé, 로열더치셸Royal Dutch Shell, 베올리아, 벡텔 등에겐 온 세상 물도 1000조 원짜리 돈벌이로 보일 뿐이다.

바로 여기서 우리는 민영화와 사유화, 소유와 경영의 분리에 대해 명확

덫에 걸린 세계화,
대안으로서의
마을 공통체

히 할 필요가 있다. 관료화에 비해 민영화는 일견 진일보한 면이 있다. 그러나 민영화라는 이름 아래 결국 대자본에게 소유와 운영을 맡긴다면 마침내 공공성은 사라지고 수익성 원리만 남는다. 그 주체는 초국적 자본이다. 이것이 신자유주의 세계화가 우리에게 은연중에 강요하는 덫이다. 소유와 경영을 분리해 소유권은 국가나 공공 기관이 갖고 경영권만 민간에 위탁한다 해도 사태는 마찬가지다. 마침내 돈이 없으면 물도 못 마시고, 똥오줌도 못 누고 살아야 하는 세상이 된 것이다. 이른바 '세계화의 덫'이다. 과연 이렇게 사는 것이 옳은 것인가?

물론 우리가 물을 '물 쓰듯' 하는 일은 없어야 한다. '물 사유화'와 관련한 논란이 기여하는 바가 있다면 그것은 우리가 물 쓰듯 하는 물이나 공기, 흙, 전기 따위에 대해 보다 진지한 성찰을 할 수 있게 된 점이다. "한국은 유엔이 정한 물 부족 국가이므로 곳곳에 다목적 댐을 많이 건설해야 한다."는 주장이 속임수로 드러나기는 했지만 물을 피처럼 아껴야 하는 건 확실하다. 동시에 물의 공공성을 유지하면서도 효율성을 높이기 위한 지혜를 모아야 한다. 그럼에도 불구하고 수익성을 우선시하는 민영화나 사유화는 답이 아니다! 물은 땅이나 공기와 마찬가지로 철저히 '공공성'이 유지되어야 한다.

이런 면에서 4대 강 사업은 문제가 크다. 정부와 한나라당은 "4대 강 사업은 대운하 사업이 아니다."라고 주장하지만 국민과 야당은 별로 믿지 않는다. 사업 추진 측에서는 "수질을 좋게 만든다."고 립 서비스를 하지만 2009년 12월 24일 '4대강사업저지범대위'는 서울중앙지검 앞에서 기자 회견을 갖고 "한강 살리기 6공구(여주 4지구) 사업 구간에서 대규모로 토사가 유출되어 상수원 보호 구역인 남한강 일대에 흙탕물 오염 사고가 발생했다.”며 수질환경보전법 위반과 직무 유기에 대해 공사 책임자와 이를 방조한 관계 부처 장관을 검찰에 고발했다. 심지어 이 사업에 참여 중인 건설사조차 “보를 설치한 뒤로 수질이 악화했다.”고 말할 정도다. 일례로 충남 연기군 4대 강 사업 ‘금강 살리기 행복 지구’ 1공구 시행을 맡은 대우건설이 2009년 11월 대전지방 국토관리청에 제출한 실시 설계서를 민주당 조정식 의원이 분석한 결과, 금강 수중보인 ‘금남보’를 설치한 후 상류와 하류 모두 수질이 현재와 마찬가지거나 악화되는 것으로 나타났다(경향신문, 2009. 12. 5).

국민과 야당이 한사코 반대하거나 우려를 심하게 표하는데도 날치기 예산 통과까지 감행하면서 시도하는 국책 사업, 국민의 혈세를 무려 22조 원이나 투입해서(연관 사업비까지 하면 30조에서 40조까지 늘어난다는 예측도 있다.) 홍수 피해 예방은 물론 수질 개선까지 이루겠다고 하는 야심찬 ‘녹색 성장’ 프로젝트, 과연 이것은 ‘물 공공성’을 증진할 것인가, 아니면 대한민국에도 ‘유린타운’을 만드는 전초전에 불과한 것인가? 이런 식의 일방적 리더십은 마치 우리 마을에 고층 아파트가 들어설 때 시행사가 보여 준 리더십과 동일하다. 결국 지금의 정부는 전체 국민을 위한 공공성 중심의 리더십, 즉 자기네들 말대로 ‘섬김의 리더십’을 발휘하기보다는 뭔가 석연치 않은 구석이 한두 군데가 아닌데도 꼼수까지 써 가며 막무가내로 밀어붙이는 ‘시행사 리더십’을 보여 주고 있다. 기우 같지만 이러한 대한민국 정부의 시행사 리더십이 세계화할까봐 두렵기까지 하다. 과연 공익 광고가 수시로 홍보하듯 “물을 대신할 수 있는 건, 물뿐입니다!”라는 말이 4대 강 사업 추진 측의 편을 들어 줄 것인지, 아니면 스스로를 옭아매는 부메랑으로 돌아올 것인지 자못 궁금하다.

메주 공동체
이야기

2004년, 큰아이는 대안 고등학교에 진학했다. 일반 중학교 시절부터 "머리카락 길다고 단속하지 않고", 또 "지각한다고 벌 받지 않는" 그런 곳을 원했기 때문이다. 4박 5일 정도의 대안학교 캠프를 다녀오더니 "꼭 이 학교를 가고 싶다."고 하던 차였다. 아이는 아이대로 행복하게 고교 시절을 보냈지만 사실은 학부모들이 더 좋았던 것 같다.

당시 학부모 모임에서 만났던 부모들을 지금까지도 만난다. 모두 열두 가족 정도다. 우리는 때때로 여행을 같이 하고, 막걸리 한 잔을 앞에 놓고 시를 낭독하는 밤을 보내기도 한다. 지리산 둘레길을 함께 걷기도 하고, 제주 올레길을 같이 걷기도 한다. 천연 화장품을 같이 만들어 보기도 하고, 토함산에 함께 오르기도 한다. 그러다가 2008년 가을엔 메주를 함께 만들기로 했다. 이른바 '메주 공동체'다.

학부모 중에 실과, 즉 가정 및 기술 선생님이 계신데 이 방면에 전문가다. 자료도 좋은 걸로 찾아 우리 모임 카페에 올려서 모두를 잘 가르친다.

뿐만 아니라 번거로운 데도 불구하고 두 부부가 무농약으로 농사지은 유기농 볏짚을 듬뿍 구해 신문지와 끈으로 야무지게 잘 싼 뒤 기차를 타고 직접 들고 오시기도 했다.

우리 텃밭에서 나는 메주콩은 양이 터무니없이 적어서 5일장이 열리는 날 읍내에 가서 안면이 있는 할머니한테 사기로 했다. 1말7킬로그램에 3만 원이었는데, 모두 5말을 샀다. 열두 가족이 나누어 먹기엔 턱없이 적은 양이지만 처음이라 일단 같이 만드는 데 의미를 두기로 했다. 콩을 구하는 일은 나와 아내가 맡았다. 텃밭에서 직접 수확한 콩 두어 되를 잘 갈무리하는 것은 정말 어려웠는데, 1말에 3만 원을 주고 쉽게 살 수 있다니 "이거, 너무 싼 거 아닌가?" 하는 생각이 들었다. 그렇다. 직접 텃밭 일을 해 보면 농산물 하나하나가 너무나 값진 것으로 느껴지는데 시장에 가서 쉽게 사는 농산물은 너무나 헐값이 아닌가? 물론 시장에서 살 수 있는 농산물은 대량으로 생산되며 농약이나 제초제, 기계나 화학 비료를 쓰는 경우가 더 많을 것이다. 그래서 생산성이 높기 때문에 싸게 팔 수 있는 것이다. 그러나 직접 한번 텃밭 농사를 지어 보라. 아무리 작은 농작물이라도 온갖 정성이 들어가고, 하늘과 땅과 사람이 협력을 해야 한다. 쉽게 돈으로 살 수 없는 그 무엇인가가 가득 들어가게 되는 것이다.

우리는 다른 학부모들과 함께 가마솥도 큼직한 것으로 하나 사고, 솥 걸이 아궁이까지 샀다. 마당에 장작불을 때기 위해서다. 나무로 만든 큼직한 주걱도 샀다. 메주콩을 삶을 때 눌어붙지 않도록 잘 뒤집어 주기 위해서다. 그리고 메주를 담을 큰 항아리도 사기로 했다. 마침 항아리를 많이 만드는 전북 인월에서 배달되어 온 것으로 두 개를 살 수 있었다. 값이 꽤 나가는

덫에 걸린 세계화,
대안으로서의
마을 공동체

편이었지만 모두들 큰맘 먹고 공동 재산으로 장만하기로 했다.

이것저것 하다 보니 꾀가 생겨 우리는 메주 만드는 날 천일제염을 미리 사 놓았다가 좋은 장작불을 피운 김에 소금을 굽기로 했다. 소금 굽기는 나 혼자서도 가끔 하는 일인데, 그냥 흰 소금을 먹기보다 구워서 먹으면 맛도 훨씬 좋고 건강에도 좋다. 그렇게 해서 우리 학부모들 열두 가족은 메주 공동체, 나아가 소금 공동체를 만들게 되었다.

마침내 메주를 삶는 날이 왔다. 가마솥 두 군데에서 메주를 삶아 내고, 저쪽에서는 절구통에 삶은 콩을 찧었다. 아궁이에서는 연기가 모락모락 피어오르고, 절구통에서는 김이 솔솔 났다. 마당에 피운 장작불은 붉은 혀를 날름거리며 가마솥을 뜨겁게 달구었다. 남녀 어른들이 온 마당을 바삐 왔다 갔다 했다. 그야말로 시골 마을의 메주 쑤는 날 풍경이다. 메주 냄새만이 아니라 사람 냄새가 오랜만에 귀틀집을 가득 채웠다. 시골 사는 보람이기도 했다.

메주를 담그는 '메주
공동체' 친구들

우리의 기술자 선생님은 메주 모양을 만들 나무까지 잘 잘라서 배낭에 한가득 갖고 오셨다. 조립은 우리 집에서 같이 했다. 수공업에 자신 있는 아빠들이 몇 명 달라붙어 금방 메주 틀을 만들었다. 이 정도의 인원과 이 정도의 협동 정신만 있다면 메주가 아니라 집도 한 채 금방 지어 낼 듯 했다. 하여간 그렇게 해서 우리는 메주 틀도 만들고 자신감도 스스로 만들어 냈다.

하이라이트는 잘 삶아 잘 빻은 메주를 메주 틀 안에 야무지게 다져 놓고 메주 모양을 만드는 일이었다. 학부모 중에는 나 말고도 싱거운 농담을 잘 하는 이들이 여럿 있어서 같이 일을 할 때면 웃음이 그치지 않는다. 같이 모여서 공동의 목표를 위해 함께 일하는 것이 얼마나 즐겁고 보람 있는지 모른다. 배를 잡고 웃는 동안 메주가 모두 50여 개나 만들어졌다. 생각보다 개수가 적은 것 같았지만 조금씩만 먹더라도 같이 했다는 데서 의미를 찾기로 했다.

메주를 만든 뒤에는 적절히 잘 말려야 한다. 꼬들꼬들하게 잘 말라야 그다음 단계인 발효 단계로 넘어갈 수 있다. 아무래도 구들방이 가장 좋을 듯해서 그곳에 짚을 얌전히 깔고 그 위에 메주를 고이 놓았다. 벌써부터 귀가 떨어지는 것도 생겼다. 하나하나 나르는 것도 매우 조심스러웠다. 그렇게 다 옮긴 뒤엔 아궁이에 불을 지피기 시작했다. 이 구들방은 만약 한전으로부터 전기 공급이 차단되는 경우, 우리가 직접 나무를 때서 난방을 할 수 있도록 만든 방이다. 바깥 아궁이에 작은 가마솥을 걸어 놓고 불을 때면 방이 뜨끈뜨끈해진다. 불을 때면서 집 뒤편의 굴뚝에 연기가 잘 나오는지 살피는 것도 재미다. 그 굴뚝 끝에서 뚝뚝 떨어지는 목초액을 모으는 건 더 재미있다. 목초액은 나무가 탄 연기와 찬 공기가 만나면서 생기는 액체인데 농약 대신 쓴다. 벌레가 아무래도 덜 달라붙는다. 특히 떡잎이 떨어지기 전의 어린 작물을 잘 살리려면 목초액은 필수다. 그런 식으로 아궁이에 불을 때는 것은 물이나 국도 끓이고, 방도 따뜻하게 하고, 목초액까지 얻는, 돌 하나로 새 세 마리를 잡는 격이다.

불을 때며 며칠 지나자 메주가 정말 꼬들꼬들해졌다. 탐스럽고 사랑스럽기까지 했다. 이제는 발효를 시킬 차례다. 따뜻한 방에 이불을 푹 씌워서 곰팡이가 적당히 생길 정도가 되어야 한다고 했다. 아침저녁으로 군불 때기

정성으로 빚어 말린 메주

가 쉽지 않았다. 그래서 예전에 어머니께서 계시다가 이제는 딸이 쓰고 있
는 방으로 메주를 옮기고 난방을 좀 세게 틀었다. 집 지을 당시에 비교적 값
싸게 공급된 심야 전기로 난방을 하는 방이라 난방비도 적게 드는 편이다.
곰팡이 색은 흰색이나 노란색이 좋다고 했다. 반면에 푸른색이나 검은색은
잡균이 많아 나중에 냄새가 난다고 했다. 은근히 걱정이 되었다. 우리는 때
때로 이불 속을 들여다보면서 곰팡이 색이 어떤지 갓난아기 얼굴 빛 들여다
보듯 조마조마했다. 그 뒤로 약 2주일쯤 되었을까, 메주가 잘 띄워졌다. 메
주 말리기와 띄우기는 나와 아내가 책임지고 해 냈다.

그 다음 단계는 메주 매달기였다. 짚으로 새끼를 꼬아 옷걸이 같은 것에
매다는 일이다. 시간 여유가 되는 예닐곱 가족이 모였다. 맛있는 두부도 만
들어 먹으면서 즐겁게 일을 나누어 했다. 시간 가는 줄 몰랐다. 짚으로 새끼
를 꼬는 솜씨가 처음엔 모두 어색했지만 이내 숙달이 되었다. 그래도 실력
은 개인차가 났다. 내가 자주 놀림감이 되면서 모두들 유쾌하게 웃었던 기

억이 나는 걸 보면 내 실력이 가장 보잘것 없었던 것 같다. 새끼를 다 꼬고 난 뒤 바깥 툇마루에 메주를 매다는 것도 일종의 설치 예술을 하는 것 같았다. 메주 크기도 조금씩 달랐고 메주가 달린 높이도 조금씩 달랐다. 전체적으로 아름다운 그림이 나왔다. 아, 그때의 기쁨이란. 메주 만드는 일을 함께 잘 끝내서 기쁜 것도 있지만 잘 발효된 메주로 맛있는 유기농 간장과 된장을 먹을 생각을 하니 가슴이 콩닥콩닥 뛰었다.

이렇게 작은 메주 공동체의 경험을 하면서 나는 이런 식으로 우리네 살림살이를 더불어 같이 할 수만 있다면 먹을거리 전반을, 또 살아 숨 쉬는 집을, 그리고 몸에 맞는 옷까지도 자연의 이치에 맞게 잘 해결할 수 있지 않을까, 생각하게 되었다. 나아가 마을 공동체도 우리의 이런 힘들이 모이기만 하면 금방 만들 수 있을 것 같았다. 과연 이 꿈이 시대가 변했다는 이유로 일장춘몽에 그쳐야 하는 걸까?

개인 건강을 넘어 '사회 건강'으로,
경제 성장을 넘어 '인간 성숙'으로!

스웨덴의 칼 헨릭 로버트Karl-Henrik Robert 박사는 암 연구로 유명하다. 우리 몸의 모든 세포는 그 유지와 번식을 위해 핵심 요인들이 필요하다. 어느 날 그는 바로 이 핵심 요인들이 경제 성장 과정에서 깨지고 있음을 깨달았다. 동시에 그는 어린이가 암에 걸린 경우처럼 심각한 위기에 직면했을 때 사람들은 깊은 연민을 느끼고, 용기를 내어 남을 위해 희생할 수도 있음을 거듭 확인하게 되었다. 이런 인식의 종합적 결과가 1989년에 지속 가능한 사회를 위한 조건들을 체계적으로 만들고자 하는 '내추럴 스텝Natural Step' 운동으로 승화되었다. 로버트 박사가 주도한 이 운동은 스웨덴은 물론 세계 각국에서 많은 호응을 받고 있다.

나는 2008년, 광우병 위험 쇠고기 수입 국면에서 터진 풀뿌리 민중의 비전문가적 저항이 로버트 박사의 전문가적 통찰과 일맥상통한다고 본다. 신자유주의니 세계화니 경제 성장이니 경제 개발이니 하는 것도 중요하지만 '음식이 건강해야 몸도 건강하고 정신도 건강하다.'는 인식이 출발점이다.

"아무리 자유 무역이 좋고 돈벌이가 좋아도 미친 소를 먹고 뇌에 구멍이 뚫려서야 되겠나?" 하는 위기의식, 바로 이것이 그간 잠잠하던 풀뿌리 민중을 광장으로 나서게 했다. 게다가 권력자들의 전형적인 '3D-전략', 즉 문제 상황을 부인하고deny, 지연하고delay, 지배dominate하려는 꼼수들이 민중들을 더욱 화나게 한다. 10~20대 청소년이 "아니오!"라며 나서기 시작하니 30대와 40~50대가 "미안하다, 사랑한다!"며 따라나섰다. 심지어 60~70대와 80대도 "우린 죽어도 좋지만 너희들은 건강해야 한다!"며 힘든 몸을 이끌고 나섰다. 병원 노조가 '미친 소' 급식 거부를 외치니 운수 노조가 수송 거부를 외친다. 두려움이 사라지고 즐거움이 충만하다. 죽었던 직접 민주주의가 되살아난다. 그간 침묵하던 민중이 바른 말을 내뱉기 시작하니 쇠고기 문제뿐 아니라 교육 문제, 민영화 문제, 대운하 문제, 의료 문제, 물가 문제 등 온갖 삶의 문제가 한 덩어리로 엮여 나왔다. 사태가 이러니 설사 청와대 비서진이 사퇴하고 내각이 총사퇴한다고 해도 해결될 문제가 아니다. 이제부터라도 음식 건강을 넘어 '사회 건강'을 근본적으로 토론해야 한다. 사회가 건강하려면, 그래서 행복한 사회를 만들려면 진정 무엇이 필요한가.

첫째는 '식-의-주' 문제가 건강해야 한다. 둘째는 몸과 마음이 건강하고 자유롭고 여유롭게 살 수 있어야 한다. 셋째는 학교 성적과는 무관하게 모든 인격과 개성이 존중되어야 하고 평등 사회가 되어야 한다. 넷째는 '서로 선물을 주고받는' 풀뿌리 공동체 관계가 되살아나야 한다. 다섯째는 사람을 포함한 온 생태계가 다양하게 순환하는 방식으로 살아나야 한다. 우선 돈을 많이 번 뒤 나중에 이 모두를 해결하자는 발상은 로버트 박사의 깨달음대로 앞뒤가 안 맞는다.

덫에 걸린 세계화,
대안으로서의
마을 공동체

그러니 우리는 이제 포기하는 것을 배워야 한다. 탐욕을 포기하고, 부자와 강자 따라 하기를 포기해야 한다. 그러나 죽어도 포기하지 말아야 할 것이 있다. 사회를 건강하게 만들려는 의지다. 10대 여학생들이 '안전'을 무시하고 먼저 촛불을 든 것도, 조용하던 어머니들이 '위험하게' 유모차를 끌고 나선 것도 더 이상 돈과 권력 앞에 굴복하지 않겠다는 뜻이다.

나아가 아직 죽지 않은 우리 속의 이 건강한 생명력, 바로 이것이 또다시 국회나 정당, 가진 자와 힘센 자들에게 선점되거나 이용당하게 해선 안 된다. 헌법 제1조에 명시된 대로 민주 공화국 대한민국의 모든 권력은 국민으로부터 나오기는 하나, 선거와 더불어 어디로 갔는지 사라져 버리기 일쑤다. 바로 이것이 문제다. 따라서 참된 민주주의, 즉 광장의 정치 또는 직접 민주주의란 바로 이 사라진 풀뿌리 권력을 되찾아 오는 일이라 할 수 있다. 그리고 그 힘으로 우리가 뽑은 심부름꾼들을 잘 부려야 한다. 꼼수는 곧 자충수임을 보여 주어야 한다. 더 이상 토끼 마을을 여우가 지배하게 해서는 안 되기 때문이다. 그것이 모두 행복하게 사는 길이다.

"이장 이상의 권력을 탐하는 사람은 수상한 사람이다."라고 생각한다. 물론 그렇다고 훌륭한 의지와 철학을 가진 유능한 사람들조차 지방의회 의원이나 군수, 시장, 국회의원이나 장관 같은 자리에 절대로 앉지 말라는 이야기는 아니다. 그러나 지금 정말 절실한 것은 모든 권력의 원천인 국민들, 즉 풀뿌리가 스스로 권력으로부터 소외되지 않기 위한 운동이 넓어지고 성장하는 것이다. 경제 성장보다 중요한 것이 운동 성장이요, 인간 성숙이다. 만약 이 풀뿌리 운동이 건강하고 튼실하지 못한 상태에서 몇몇 소수의 엘리트가 바른 정치를 하겠다고 나서면 거대한 보수 반동의 연합 세력 앞에 부단히 좌절하거나 스스로 보수 반동에 가깝게 변질될 위험이 크다.

특히 풀뿌리 민초들이 스스로 삶의 주체가 되어 사람과 사람, 사람과 자연이 더불어 건강하게 사는 그런 행복 사회를 꿈꾸지 않는 상태에서, 달리 말하면 보수 기득권 세력들처럼 "부자 되게 해 주세요."와 같은 탐욕만을 지닌 상태에서 일부 소수의 헌신적인 사람들에게 떼를 쓰듯 요구만 한다면 어느 누구도 그런 탐욕을 채워 주지 못할 것이다. 서로 기만과 위선만을 드러내고 피해 의식과 배신감, 분노와 증오가 가득한 사회가 될 것이다. 실은 지금의 현실이 바로 그렇지 않은가?

바로 이런 맥락에서 나는 뜻있는 사람들부터 마을이나 지역을 보는 눈을 바꾸고 삶의 현장을 옮겨야 한다고 본다. 일례로 뭔가 뜻깊은 일을 하고자 하는 사람들은 시골 마을 이장이 되거나 도시에서 통장을 하는 것이 좋겠다. 아파트 같으면 한 동의 대표도 좋다. 시골 마을 부녀회장이나 청년회장도 매우 중요한 역할을 할 수 있다. 도시의 아파트 공동체에서도 부녀회의 역할은 막대하다. 도시든 시골이든 마을 도서관은 새로운 공동체 문화의 구심점이 될 수 있다. 물론 이런 일들은 직업이 되기는 어렵다. 생계를 해결하기 위해선 다른 일을 찾아야 할지 모른다. 그러나 이런 풀뿌리 운동의 세포 역할을 하면서 공동체적 관계망을 새롭게 세우고, 그 위에 작지만 아름다운 실천을 지속적으로 해 나간다면 이 척박한 한국 사회에서도 희망은 생긴다. 설사 내일 지구가 망한다 하더라도 우리는 오늘 나무 한 그루를 제대로 심는 심정으로 마을과 지역에서 할 수 있는 일을 찾아 나서야 한다. 지금 행복한 마음으로 뿌린 건강한 씨앗 하나는 먼 훗날 반드시 예쁜 꽃으로 보답할 것이다. 아니, 씨앗을 뿌리는 과정에서 이미 느낀 내 마음의 행복감이 바로 그 보답이 아닐까?

덫에 걸린 세계화,
대안으로서의
마을 공통체

'골목 축제'를 열면서
느낀 것들

이른바 '세계화 시대'라고 하는 신자유주의적 시장 경쟁이 온 세상을 휩쓰는 지금의 시기에 과연 하나의 마을이 무슨 희망의 근거가 될 수 있을까? 물론 선진 제국주의 강대국들이나 그들의 이해를 대변하는 G7, IMF, 세계은행, WTO 같은 조직 앞에 작은 마을은 공룡 앞의 생쥐 격일 것이다.

그러나 역설적으로 마을이야말로 삶의 터전이자 일상적 관계망의 근거지로서 새로운 희망의 싹이 될 수 있다. 고립된 개인들이 서로 손을 내밀고 마음의 문을 열면서 새로운 관계를 맺는다면 희망은 그 속에서 꿈틀거리기 시작한다.

내가 사는 신안리 마을의 경우 터무니없는 고층 아파트 건설 저지 투쟁이 중요한 계기였는데, 이 투쟁의 과정은 동시에 마을 공동체 수호를 위한 주민들의 의지가 결집되는 과정이기도 했다. 이러한 투쟁의 경험에서 무럭무럭 자라 나온 공동체적 관계망의 회복은 마을 글쓰기 교실이나 마을 요가 교실, 골목 축제, 그리고 마을 도서관 만들기로까지 확장되었다. 우선 골목 축제가 만들어지기까지의 과정과 그 내용을 살펴보자.

아직도 시골에서는 해마다 5월 8일 어버이날만 되면 마을 차원에서 작은 잔치를 열어 노인들에게 식사 대접을 한다. 아름다운 일이다. 아무래도 음식 준비는 부녀회가 중심이 될 수밖에 없다. 청년회에서는 천막을 치고 탁자와 의자를 나른다. 내가 이장이 되기 전이나 되고 나서나 마찬가지로 마을 중심인 둥구나무크고 오래된 정자나무 앞에서 어버이날 행사를 계속해 왔다. 음식은 대개 육개장을 중심으로 떡과 과일, 술과 음료수가 준비된다. 약간 욕심 많은 할머니들은 밖에서 드시다가 경로당 안으로 열심히 음식을 나른다. 나중에 할머니들끼리 나누어 드시려는 모양이다. 마을 유지나 지역 유지들 중에는 찬조금 봉투를 내밀기도 한다. 부녀회장님이 찬조금을 받는다. 대개는 음식 준비 비용을 충당하는 정도로 들어온다. 결국 마을 사람들이 품을 팔고, 여유 있는 사람들이 찬조를 해서 마을 어른들에게 기분 좋게 식사 대접을 한 번 하는 셈이다. 그런 식으로 마을 사람들 사이의 유대가 이어져 왔다. 나아가 젊은 사람들과 나이 든 사람들 사이의 유대도 이런 식으로 대물림되었다.

식사가 어느 정도 끝나면 흥에 겨운 어른들은 꽹과리나 장구, 북을 치며 춤을 추기도 한다. 한 할머니는 젊었을 때 한 가닥 하신 듯 장구를 '덩기둥 덩기둥 뚝딱' 하고 치시면서 어깨를 들썩거리신다. 한 어르신은 어릴 적부터 상여가 나갈 적에 부르던 노래, 곧 만가輓歌를 줄곧 불렀다 한다. 그래서 이런 잔치만 하면 꽹과리를 들고 채를 허공에 찔러 가며 구슬픈 노래를 부르시곤 했다. 안타깝게도 이 어르신은 2009년 여름, 지병인 폐암으로 영원히 우리 마을을 떠나고 말았다. 막상 본인이 돌아가시니 만가를 불러 줄 이가 아무도 없었다. 내가 이장이 되기 전, 약간의 찬조금을 들고 마을 잔치에 가서 부녀회장님께 봉투를 내밀면 마을 어른들이 "아, 저이가 저 위에 서당골에 산다는 그 교수님인가벼."라고 반가워하시면서 술을 권하셨다. 내가 이장이 되고 난 후로는 어른들이 "우리 이장님, 욕 많이 보셔." 하시면서 여기저기서 술을 따른다. 어른들이 주시는 술만 다 받아 마셔도 얼큰하게 취할 판이다.

그런데 내가 이장이 된 뒤, 두어 번을 그렇게 식사 대접하는 것으로만 어버이날 행사를 끝내고 나니 좀 허전하다는 생각이 들었다. 분명히 어른들

농악대와 함께 즐거운 춤을!

마음속에는 실컷 놀고 싶은 마음이 있는데 점심 드시고 나면 그냥 대충 정리하고 끝이 나니 좀 심심하지 않을까 싶었다. 게다가 부녀회 회원들은 실컷 일만 하고 끝나는 것이 아닌가. 육개장을 끓이려면 최소한 하루 이틀 전부터 이것저것 장을 보고 신경을 써야 한다. 행사 당일도 이리저리 나르느라 정신이 없다. 그렇게 경황없이 일하고 나면 쉬거나 즐길 시간이 없이 끝이 난다. 그렇게 행사를 치르고 나니 '이게 뭔가' 하는 생각이 들었다. 그래서 나는 '어버이날 행사를 하는 김에 차라리 골목 축제를 기획해서 마을 양옆에 있는 고려대와 홍익대 학생들과 우리 마을 주민들이 함께 어우러지는 행사를 만들어 보면 어떨까?'라는 마음을 먹게 되었다. 그러던 차에 놀이 문화와 축제에 많은 관심을 갖고 활동하는 아자학교의 고갑준 선생을 만나게 되어 2008년부터 '신안리 대학 문화 거리 및 골목 축제'를 기획하게 되었다.

골목 축제의 기본 구상은 대학생과 주민들이 주체가 되어 스스로 만들어 가는 축제였다. 이를 통해 공동체적 관계를 회복하고 살맛 나는 마을을 만들고자 했다. 그래서 어버이날 전후로 하루를 잡아 오전에는 예전처럼 마을 어르신들 식사 대접을 하고, 오후부터 늦은 저녁까지 신바람 나는 놀이 한마당을 열었다. 이젠 아득한 추억이 된 다듬이 방망이 두드리기로부터 시작하여 널뛰기, 제기차기, 줄다리기, 이주 여성들(베트남, 필리핀, 인도네시아 등) 고향 음식 나누어 먹기 등과 함께 어르신들 노래자랑이 이어졌다. 마을 어른들의 추억이 담긴 옛날 사진도 수십 장을 받아 스캔한 후 확대, 인화하여 사진 전시회를 하기도 했다. 주민들은 새 동네와 안골 사람으로 나뉘어 윷놀이도 했다. 저녁 식사는 국수와 떡으로 간단히 하고 장기 자랑 대회를 열었다. 인근 어린이집 꼬맹이들이 예쁜 율동과 함께 노래를 했고, 서울 하

덫에 걸린 세계화,
대안으로서의
마을 공동체

자센터의 '청소년 노리단' 패가 와서 신나는 한마당을 벌이기도 했다. 이주 여성들의 한국 노래도 일품이었다. 끝으로 마을 사람들은 대학생과 주민들이 함께 공연하는 마당극 「복사골 이야기」를 즐겼다. 대사를 까먹기도 하고 뛰어넘기도 했지만 주민이 학생들과 함께 마당극을 한다는 자체가 매우 뜻 깊은 일이었다. 부녀회장의 주막집 안주인 역할은 가장 돋보였다. 2008년에는 대학생들이 더 큰 역할을 했지만, 2009년과 2010년에는 마을 주민들이 더 큰 역할을 했다. 마을 사람들은 노소를 가리지 않고 박장대소를 하며 5월의 봄밤을 함께 즐길 수 있었다. 그렇게 2008년에서 2010년까지 골목 축제를 개최하고 나니, 다른 마을 사람들까지도 우리 마을을 부러워하기 시작했다. 처음에는 고개를 갸우뚱하던 우리 주민들도 '우리가 마침내 이런 축제를 해냈구나.' 하면서 대단히 뿌듯해 한다.

골목 축제를 기획하고 진행하는 과정에서 마을 운영위원회와 마을 총회를 통해 처음부터 사람들에게 널리 알리고, 함께 기획하고 논의했던 것은 매우 잘한 일이었다. 많은 경우 돈을 많이 들여도 기획자와 주민들 사이에 거리가 있어 주민들은 그냥 구경꾼으로 머물고 만다. 그렇게 되면 주민들이 소외된 축제가 된다. 심하면 장사꾼들만 벅적대는 시장판으로 전락하고 만다. 그러나 우리 마을 골목 축제는 처음부터 주민들과 대학생들이 직접 참여하고 의논하여 내용을 만들고, 하나씩 분담해서 책임성 있게 준비하고 진행해 나갔다. 군청으로부터 약간의 지원금을 받았지만 외양이 화려한 행사보다는 내용이 알찬 행사라는 것에 의미를 두었다. 물론 기획 단계에서 고 선생과 내가 주축이 되어 선도한 점도 중요했다. 하지만 더 중요한 것은 그런 계획을 주민들과 공유하고 '우리 모두의 일'로 만들어 나갔다는 점이다.

　　한편 골목 축제는 어떤 면에서는 그동안 고층아파트 저지 투쟁에서 상처 받았던 우리 주민들의 마음을 스스로 치유하는 과정이기도 했다. 사실 말이 싸움이지 그 몇 년간은 거대한 자본과 행정의 힘 앞에 우리가 무력할 수밖에 없음을 몸으로 깨닫는 과정이기도 했다. 일확천금을 노리는 건설 회사의 입장에서는 우리가 벌레 같은 존재들로밖에 보이지 않았을 것이다. 그들은 조폭 같은 이들을 동원하고, 심지어 우리에게 업무방해죄 및 명예훼손죄로 수억대의 손해 배상 청구 소송을 제기함으로써 짓뭉개고자 했지만 우리는 더욱 똘똘 뭉쳐 마을 공동체를 살리고자 다짐했다. 물론 개중에 일부는 저들의 폭력이나 회유, 협박에 넘어가거나 지쳐서 더 이상 못 싸우겠다며 손을 털기도 했다. 반면 남은 사람들은 더욱 강고한 의지와 결의로 "질긴 놈이 이긴다."며 서로 마주 보고 웃으며 격려했다. 겉으로는 웃었지만 우리는 마음의 상처를 크게 받았

2009년 신안 1리 골목 축제
마당극 공연

다. 재판을 위해 법원에도 수십 차례 다닌 것 같다. 갈 때마다 가슴이 두근거렸고, 판결이 하나씩 불리하게 날 때마다 상처를 받았다. 아파트를 근본적으로 막으려던 재판은 졌지만 저들의 손해 배상 소송에는 우리가 이겼다. 방어 투쟁에는 성공했지만 공세 투쟁에는 진 것이다. 결국 아파트 공사는 강행되었다. 그 과정에서 받은 상처는 정말 컸다. 또 앞에서는 주민들에게 "아파트 안 오게 하겠다."고 해 놓고서 뒤에서는 건설 자본과 호흡을 같이 한 행정 당국으로부터도 상처를 받았다. 민중의 지팡이라던 경찰도 주민의 편이 아니라 자본의 편이었다. 행정, 경찰, 법정 등 모든 국가 기관은 우리

주민들의 목소리에 귀 기울이지 않았다. 믿던 도끼에 발톱이 찍힌 꼴이었다. 이래저래 상처를 입은 우리는 속으로 많이 좌절하거나 자포자기 상태였다. 아파트 저지를 위한 싸움에 지치고 패배한 다음 단계는 아파트 공사 과정에서 생기는 각종 민원을 매개로 한 싸움이었다. 그러나 소음이나 분진, 진동, 균열, 지하수 약화, 일조권, 조망권 같은 이슈는 그들에게 '새 발의 피'였다. 소음 측정기까지 마을 차원에서 구입했지만 행정 당국은 우리 자료를 신뢰하지 않았다. 소음이 극심하다고 연락하고 나면 공무원이 현장으로 출동하는 사이에 벌써 소음은 사라져 버리는 식이었다. 피해 의식도 많이 쌓였다. 더운 여름에도 공사장 인근 주민들은 소음과 분진 때문에 문도 열지 못하고 찜통에서 살아야 했다.

그런 우리들이었기에 어쩌면 골목 축제를 만들고자 한 내 마음 한 구석에는 깊은 마음의 상처를 치유하고 싶은 욕구가 있었는지 모른다. 마을 사람들도 말은 안 했지만 그 지루한 싸움 속에 겪은 상처들을 하나씩 씻어 내듯 환하게 웃기 시작했다. 고마운 일이다.

마을 글쓰기 교실에서 느끼는
삶의 활기

우리나라의 교육열은 대단히 높다. 그런데 그 내용은 결국 아이들이 학교에서 시험을 잘 치러서 높은 점수를 받아 일류 학교에 진학하는 데 초점이 맞추어져 있다. 그래야 일류 직장에 취업하여 남부럽지 않게 돈도 벌고 사회적 지위도 누리며 살 수 있기 때문이다. 요컨대 더 많은 소유와 더 많은 소비를 위해 공부를 열심히 해야 한다는 것이다. 그것을 행복한 삶이라 착각한다. 그 착각 속에 집집마다 학교마다 아이들은 공부에 시달린다. 2008년에 부활한 일제고사는 그러한 스트레스를 한층 가중시키고 있다. 해마다 250명 내외의 10대 청소년이 자살하는 것도 우연이 아니다.

내가 마을에서 글쓰기 교실을 열게 된 것도 이런 문제의식에서 출발했다. 마을의 아이들이 자신의 생활에서 느끼는 점들을 자세하고 솔직하게 써 보는 연습을 하는 것이 핵심이다. 자신의 삶에서 느끼는 것, 생각하는 것, 행동하는 것에 대해 보다 차분하게 들여다보고 이를 표현하는 것, 나아가

다른 아이들과 느낌을 나누는 경험, 이런 것이야말로 한 아이가 인격체로 성장하는 데 꼭 필요하다는 생각이 든 것이다.

이러한 공동체적 경험은 한 사람의 성장 과정에서 매우 소중하다. 그런 경험을 한 아이들은 '우리 마을에는 함께 모여서 놀기도 하고 공부하기도 하던 그런 공간이 있었다.'고 기억하며 작은 행복감에 젖을 것이다.

또 글쓰기 교실에서는 내가 근무하는 고려대의 제자들이 자원봉사 선생님으로 활동하기 때문에 대학생들에게도 좋은 경험이 된다. 대개의 자원봉사가 그렇지만 자원봉사는 받는 이들에게만 도움이 되는 건 아니다. 봉사를 하는 이들 역시 많은 깨우침과 배움을 얻는다. 크게 보면 서로 도움을 주고받는 셈이다. 대학생들이 비록 공부하러 시골 마을까지 왔지만 그 마을의 아이들과 친밀한 관계, 따뜻한 관계를 형성하게 되면 아이들은 아이들대로 행복한 느낌을 갖게 될 것이고, 대학생들은 그들대로 자신을 성찰하는 계기가 되는 동시에 나중에 자녀를 기를 때 많은 참고가 될 것이다.

아이들 **생각이 쑥쑥 자라는**
글쓰기 교실

매주 화요일 저녁에 마을 회관에서 90분 정도 진행하는 글쓰기 교실은 초등 저학년, 초등 고학년, 중등의 세 팀으로 나뉘어져 있다. 글쓰기는 크게 세 가지 형태로 진행하는데, 첫째는 신문이나 잡지 따위에서 아이들 눈높이에 맞을 법한 단어들을 5~10개 정도 제시하고, 그 단어들로 한 문장이나 두 문장 정도 써 보는 연습이다. 예컨대 '엄마'라는 단어를 동그라미 쳐 주면 아이들은 "나는 어제 엄마로부터 꾸지람을 들었다."라든지 "우리 엄마는 칭찬을 잘 하신다."라는 식으로 글을 쓴다.

어떤 아이는 '중간고사'라는 단어에 대해 "나는 중간고사에 예체능 과목이 있어서 매우 싫다. 특히 한문과 기술·가정은 내가 제일 싫어하는 교과이다."라고 썼다. 그 아이의 마음을 알 수 있는 대목이다. 그 마음을 바탕으로 왜 그런지, 일시적인 것인지 구조적인 것인지 대화를 나눌 수도 있다.

둘째는 신문이나 잡지의 기사 중에서 눈높이에 맞는 기사를 제시하고, 그 내용을 짧게 요약해 보라고 한다. 그렇게 하면 아이들은 기사 하나라도 자세히 집중해서 읽을 것이고, 무엇이 핵심 메시지인지 고민하게 된다. 나름의 판단으로 핵심을 요약해서 써 보는 연습은 자신의 생각을 정리하는 능력을 길러 줄 것이다. 예컨대 게임 중독에 관련된 기사를 제시하면 아이들은 그 기사를 읽고 정리하면서 '아, 바로 내가 이런 위험에 빠져 있구나.' 하는 생각을 하게 될 것이다. 그런 내용을 정리한 뒤에 대학생들과 아이들이 서로 이야기를 나누면 그 문제의 심각성이나 해결책, 나부터의 실천 따위에 대해 더 많은 생각을 하게 될 것이다.

셋째는 일상생활에서 가장 행복했던 일이나 가장 기분이 안 좋았던 일을 써 보거나, 그 시기마다 다른 제목을 던져 주고 그 제목 아래 자기가 쓰고 싶은 내용을 자유롭게 써 보는 연습이다. 예컨대 지난주에 가장 좋았던 일과 좋지 않았던 일을 하나씩 쓰고 자신의 느낌과 생각을 쓰는 것이다. 어버이날이 가까우면 부모님께 드리는 마음의 편지를 쓸 수도 있다. 봄, 여름, 가을, 겨울 등 계절에 맞는 주제도 좋고, 설이나 추석 같은 명절에 관련한 주제도 좋다. 그때마다 이슈가 되는 사회적 의제, 예컨대 선거나 핵무기, 석유 정점, 지구 온난화, 환경 호르몬, 유전자 조작 식품, 패스트푸드, 신종플루 같은 주제들도 얼마든지 그 제목이 될 수 있다. 이런 식으로 다양한 삶의 주제들을 잠시라도 생각해 보고, 써 보고, 읽어 보고, 나누는 경험이 몇 개월에서 몇 년 동안 축적되면 아마도 아이들의 내면적 성숙에 큰 도움이 될 것이다.

2006년 가을에 한번은 아이들에게 찰리 채플린의 명작 「모던 타임즈」라는 영화를 비디오로 보여 주고 "내가 만일 채플린이었다면 무슨 생각을 했을까?"라는 제목 아래 자기 생각을 간단히 적어 보라고 했다. 당시 초등학교 1학년 여자아이는 "재미있던 것은 옥수수 먹을 때 아주 심하게 먹은 것이다. 기계 안에 쏘옥 들어간 것. 채플린이 집게로 아줌마를 꼬매려 했는데 아줌마는 유괴범인 줄 알고 오해를 했다."고 썼다. 초등학교 4학년 남자아이는 "그런 공장에서 일하지 않고, 바보짓을 안 할 것이다."라고 썼다. 한편 6학년 여자아이는 "직원들과 의논해서 파업한다. 직원들 모두 미쳐 버렸을 것 같다. 사장은 스토커 같다. 왜냐하면 매일 감시하면서 일을 시키기 때문이다."라고 썼다.

아래 글은 2007년 당시 초등학교 6학년이던 남자 아이가 「패스트푸드를 먹어도 되는가?」라는 주제로 자기 생각을 쓴 글이다.

"내 생각에는 패스트푸드를 먹으면 안 된다고 생각한다. 나도 가끔은 피자, 햄버거, 핫도그 등 패스트푸드를 많이 먹기도 하는데 아마도 2달에 1번씩 먹는다. 패스트푸드 파는 데서 장난감을 주기도 한다. 예를 들면 햄버거 집에 어린이 세트를 시키면 장난감을 준다. 그 장난감은 큰 공장에서 어린애들이 억지로 만든다. 우리는 그런 것도 모르고 계속 어린이 세트를 시킨다. 또 어린애가 내 생각에는 어린이 세트에 나오는 햄버거 말고 장난감을 받기 위해 사는 것 같다. 그리고 패스트푸드를 먹으면 비만뿐만 아니라 암 등 큰 병에 걸리기 쉽다. 그래서 슬로우 푸드를 많이 먹어야 한다."

이 글을 보고 한 대학생 선생님이 어린이답지 않게 생각을 잘 썼다고 칭찬을 한 다음 같이 읽으면서 어색한 부분을 다시 고쳐 보기로 한다. "또 어린애가 내 생각에는 어린이 세트에 나오는 햄버거 말고 장난감을 받기 위해 사는 것 같다."라는 문장이 좀 어색하다. 그래서 붉은색으로 고친다. "내 생각에는 어린이 세트를 먹는 이유가 햄버거 때문이 아니라 같이 나오는 장난감을 받기 위해서인 것 같다." 그러면 아이도 "아, 그게 더 나은데요."라며 머리를 긁적인다. 마음속으로 뭔가 좋아지고 있다는 느낌도 가질 것이다.

비록 완벽하지는 않지만 이런 식으로 마을 아이들과 대학생들이 상호작용하는 과정에서 서로가 서로를 더 잘 이해하게 되고 많은 배움도 얻게 될 것이다. 그러면서 마을마다 사라지고 있는 공동체적 관계들도 조금씩 회복될 것이다. 좋은 일이다.

마을 도서관과 함께 꾸는
공동체적인 삶의 꿈

오래전부터 마을마다 '새마을 문고'가 있긴 했다. 우리 마을 회관에도 큰 책장에 수백 권의 새마을 문고가 꽂혀 있었다. 그런데 문제는 모두 먼지만 수북이 쌓여 있다는 점이다. 혹시 처음에는 '마을마다 새마을 문고가 있어 살기 좋은 농촌이 되었다'며 멋진 사진이라도 찍어 대대적으로 홍보를 했는지 모르나 이제는 아무 쓸모없는 것이 되어 버리고 말았다.

가만히 생각해 보니 크게 두 가지 문제가 있었다. 하나는 마을 사람들, 특히 어린이들이 흥미를 가질 만한 종류의 책이 거의 없다는 점이다. 그렇다고 고전이나 고문서로서의 가치를 지닌 것도 아니다. 어쩌면 '쓰레기' 처리하듯 버린 것들을 주워 모아 놓은 듯한 인상이다. 사실은 그것마저 처음에는 비싼 돈이 들어갔을 것임에 틀림없지만 이런 식으로 '혈세가 낭비되는구나' 하고 생각하면 더욱 안타깝다. 두 번째는 제아무리 좋은 책이 있고 새 책이 꾸준히 보충된다 하더라도 이를 운용할 사람이 있어야 한다는 점이다. 책만 있고 사람이 없다면 그것도 곤란한 일 아닌가.

그래서 나는 2010년 6월에 공식적으로 이장 생활 5년을 마치면 마을 도서관장을 하면서 이 도서관을 제대로 운영해 보아야겠다고 마음먹었다. 우선은 마을에 유아, 초등, 중등 아이들이 몇 명이나 있는지 파악하고, 다음으로 도서관 리모델링을 해야 하며, 그 다음에는 아이들 성장 과정에 맞는 책이나 대학생과 어른들이 읽을 만한 좋은 책들을 구비해야 하며, 마지막으로는 자율적으로 도서관을 운용할 사람과 프로그램이 필요했다. 이 모든 생각들도 그동안 내가 전국 각지에서 도서관 운동이나 어린이 책 읽기 운동을 하는 분들을 만나고 이야기를 나누던 가운데 자연스레 솟구친 것이다.

그러던 차에 마침 연기군 의회의 한 여성 의원이 이러한 우리의 소망을 반영하여 군청의 지원을 받도록 도와주었다. 고마운 일이다. 비록 소수라 하더라도 마을의 주민과 대학생들이 풀뿌리 차원의 시도를 하고 이것을 행정 차원에서 측면 지원하는 형태, 이것이 가장 바람직한 민주주의의 모습이 아닐까 생각한다.

앞으로 마을 도서관은 우리 마을에서 일종의 공동체 문화 센터 역할을 하게 될 것이다. 마을 글쓰기 교실도 이 도서관에서 하게 될 것이고, 엄마와 아이들이 책을 읽고 이야기도 나누게 될 것이다. 어른들끼리도 차를 마시면서 마을에서 살아가는 이야기를 나누게 될 것이고, 대학생들에게도 책과 함께 쉬어 가는 공간이 되어 줄 것이다. 아주머니들 요가 교실도 하면 좋을 것 같다. 욕심을 부리자면 인근 지역에서 훌륭한 삶을 사는 분들을 초청해서 강의를 듣는 프로그램도 마련할 것이다. 대개의 경우 초청 강연을 한다고 하면 굳이 멀리서 유명 인사를 오게 하는데 나는 사실 그게 마땅치 않다. 첫

어린이부터 어르신까지 두루 읽도록

째는 꼭 유명 인사를 초청해야 한다는 생각은 유명세라는 기득권 논리에 갇혀 있다는 반증이기 때문이고, 둘째는 강사가 멀리서 힘겹게 이동하는 것은 에너지와 시간 낭비라는 생각 때문이다. 인근 삶터에서도 얼마든지 훌륭한 사람들이 있을 것이다. 이런 분들을 수소문해서 초청하고, 또 자꾸 새로운 사람들, 젊은 사람들에게 그런 장을 만들어 주는 것도 사회적으로 중요하다고 본다.

독서 교실, 글쓰기 교실, 요가 교실, 교양 강좌 등 삶의 문화를 알차게 가꾸고 삶의 질을 드높이는 이런 프로그램이야말로 마을 도서관을 활기차게 할 것이다. 그리하여 작고 소박하지만 마을 도서관이라는 상징적 공간이 마을 주민과 지역민들에게 새로운 만남의 공간, 배움의 공간, 교류의 공간, 소통의 공간, 성장의 공간, 행복의 공간이 될 것임에 틀림없다. 벌써 가슴이 두근거린다.

FEC 위기 시대,
참된 대안적 실천과 정책이 필요하다

2008년 가을, 미국의 '리먼 브라더스'라는 투자 은행이 파산한 것을 계기로 전 세계에 확산된 금융 위기, 그리고 그에 이은 세계적 경제 위기는 이제 좀 진정된 듯 보인다. 정치인들은 마치 위기를 서서히 잘 극복하고 있는 것처럼 말한다. 대량으로 풀린 돈을 언제 어떻게 회수할지를 고민하는 '출구 전략' 같은 이야기가 나오는 것도 다 그런 맥락이다. 그러나 여전히 돈벌이 경제는 위기에 놓여 있다. 어쩌면 위기 극복이나 출구 전략 담론은 환상적 소망에 불과할지 모른다. 그런 소망과 달리 실제의 사회 경제 모습은 갈수록 불안정과 추락, 일시적 안정화를 주기적으로 반복하면서도 경향적으로는 파탄의 길을 갈 것이다.

그것은 한편에서는 과잉 경쟁, 과잉 생산, 과잉 축적으로 인해 이윤율이 저하되기 때문이고, 다른 편에선 'FEC 위기'라고 하는 삼중의 위기가 도사리고 있기 때문이다. 이 F food, 식량 위기, E energy, 에너지 위기, 그리고 C climate, 기후 위기는 기존의 돈벌이 경제에 '뜻밖의' 심대한 타격을 가할 것이다. 소설

『고릴라 이스마엘』이나 다큐 영화 「11번째 시간」은 공통적으로 '탐욕적인 인류가 없어지면 지구가 되살아난다.'는 메시지를 전한다.

식량 위기, 즉 식량의 생산성 저하와 수급 불일치 사태는 그간의 사회 양극화를 더욱 노골적으로 드러낸다. 불만과 불안이 고조되며, 결국 사회 안정을 해치게 된다. 이것은 돈벌이 경제에 해로운 영향을 미친다. 역설적으로 돈벌이 경제가 농촌 파괴, 농민 소멸, 식량 자급 포기, 농토 오염 및 소멸을 초래함으로써 식량 위기의 주범이 되었다. 인간의 정상적 생활에 가장 중요한 식량 문제를 등한시하면서 사회 안정과 돈벌이를 꾀하려는 것은 자가당착이다. 특히 세계 농식품 분야가 극소수 초국적 자본의 손아귀에 장악되는 현실은 그나마 위기에 빠진 식량 문제를 더욱 악화시킬 것이다.

에너지 위기, 보다 구체적으로는 석탄, 석유, 가스와 같은 화석 연료, 나아가 모든 천연자원의 위기도 결국에는 모든 생산 기계, 운송 기계의 원활한 운용에 타격을 입힌다. 현재 진행 중인 '석유 정점' 이후 시기에는 유가가 상상 이상으로 폭등할 것이다. 생산 자본이 필요로 하는 화석 에너지의 양은 불충분할 것이고, 동시에 그 가격이 폭등함으로써 생산 비용을 터무니없이 높일 것이다. 더 많은 에너지원을 확보하여 더 값싼 에너지를 얻으려는 과정에서 전쟁이나 갈등이 심화할 것이다. 영화 「아바타」에서도 인간의 탐욕 시스템이 결국 '우주적' 차원의 전쟁까지 부르지 않았던가.

기후 위기 또한 돈벌이 경제에 역습을 가한다. 기존의 4계절 구분이 갈수록 모호해지면서 지구 온난화와 지구 한랭화가 동전의 양면처럼 동시에 진행될 것이다. 쓰나미, 태풍, 지진, 폭염과 폭설, 가뭄이나 홍수 등이 인간을 비롯한 생명체들의 정상적인 삶을 위협한다. 빙하가 녹은 물이 해수면을 높이니 '투발루'라는 섬나라는 사라질 위기에 빠졌고, 전례 없이 강력한 지진으로 나라 전체가 마비 상태에 빠진 '아이티' 등은 그 일부에 불과하다. 기후 위기는 전쟁 못지않게 혼란과 무질서를 초래한다. 돈벌이 경제가 잘 될 리 없다.

이런 점에서 돈벌이 경제는 갈수록 막다른 골목으로 치닫는다. 이러한 위기의 징후들을 더 이상 부정하거나 인식을 미룰 수 없다. '위기'를 곧 '위기'로 인식하고 인정할 때 비로소 극복의 실마리도 찾을 수 있다. 그 위에서 그 근본 원인을 따져야 한다.

그렇다면 그 근본 원인은 무엇인가? 그것은 우리 인간이 탐욕으로 인해 필요의 수준을 넘어 자연을 어머니 품으로 인식하지 않고 단순한 개발의 대상으로 삼았기 때문이다. 결국 사람과 사람, 사람과 자연이 하나가 되지 못하고 서로 분열과 경쟁을 일삼고 있는 것, 바로 이것이 문제의 핵심이다.

이러한 문제를 해결하기 위해서는 바람직한 제도와 시스템이 필요한데 그것은 지금까지의 대량 생산, 대량 유통, 대량 소비, 대량 폐기를 핵심으로 하는 '자폐적 산업주의'를 과감하게 포기하고 소규모, 자율과 자치, 분권화, 절약과 검소함, 재생과 순환 등을 핵심으로 하는 '유기적 생태주의' 시스템이어야 할 것이다. 이와 더불어 개인과 집단의 책임성 있는 실천이 필요하다. 예를 들면 이런 것이다.

춥거나 덥다고 에어컨을 이용해 온도 조절을 하지 말고 가급적 내복이나 자연 바람을 이용한다. 할 수 있다면 텃밭이나 텃밭 상자를 이용해 채소의 일부라도 자급한다. 흙으로 돌아가는 경제가 필요하다. 흙의 어원인 후무스humus가 '겸손'이라 하지 않던가. 겸손과 경외의 경제가 필요하다. 농사를 주업으로 하지 않더라도 농심農心, 즉 유기농 농민의 마음을 가진 살림살이 경제가 필요하다. 그것은 정직의 경제, 나눔의 경제, 자립의 경제, 협동의 경제, 겸손의 경제, 감사의 경제, 배려의 경제, 순환의 경제다. 가정에서 나오는 음식물 쓰레기도 모두 모아 가축 사료나 유기농 퇴비로 재활용한다. 특히 음식점에서는 반찬을 필요한 만큼만 적절히 덜어 먹는다. 전기, 물, 가스 등을 최대한 절약하고 소박한 생활을 습관화한다. 허세나 위신을 버려야 불필요한 낭비가 없어진다. "지구는 인간의 필요를 위해서는 충분하지만 인간의 탐욕을 위해서는 몇 개 있어도 모자란다."는 마하트마 간디의 말을 기

'농심農心' 회복의 경제가 필요하다!

억하면서 자신의 참된 필요에 걸맞는 생활 방식을 선택해야 한다. 동시에 이러한 개인적, 집단적 실천과 더불어 사회 전체의 변화를 앞당기기 위해서는 앞서 말한 '유기적 생태주의' 시스템을 제도적으로 구축해야 한다.

자폐적 산업주의의 관점에서는 과정은 관계없이 결과만 좋으면 최선이라는 생각이 지배적이지만, 유기적 생태주의는 무슨 일이든 나중의 성공이나 실패에 연연하지 않고, 각 과정마다 의미와 행복을 느끼면서 바른 실천을 꾸준히 해 나간다. 그것이 희망이고 행복이다.

나라 살림살이도
총체적으로 구조 조정하자

한나라당 이한구 의원은 2009년 10월 들어 2008년 말 현재 '사실상 국가 부채'가 직접적 국가 채무 308조 원의 5배에 가까운 1439조 원으로 급증, 사상 최대 규모라 지적한 바 있다. 국민 1인당 빚이 무려 3000만 원 수준이다. 대개 정부는 공기업 부채 등으로 숨겨져 있는 부문을 뺀 채 부채 규모를 이야기하기 때문에 이것까지 감안해야 한다는 것이 이 의원의 주장이다. 그것도 집권 여당인 한나라당 의원이 한 말이라 신빙성이 높다.

그런데 2010년 2월 초에 발표된 내용을 보면 직접적 국가 부채만 해도 2010년 말에 사상 처음으로 400조 원을 넘어설 것으로 예상된다. 외환 위기 직후인 1998년 93조 6000억 원을 기준으로 보면 2010년까지 12년 만에 무려 4.4배나 늘어난 셈이다. 특히 2008년에 308조 원이었던 것이 불과 2년 만에 100조 원 정도 증가하여 407조 2000억 원으로 예측되는 것은 뭔가 심상치 않다. 이 수치는 GDP의 36.1퍼센트에 이른다. 물론 이 정도는 2009년 기준으로 미국의 85퍼센트나 일본의 219퍼센트에 비하면 걱정할 수준이 아닐 수도 있다. 하지만 일차적으로는 한국도 빚이 아니면 지탱이 어려운 나라로 굳어지고 있다는 점, 이차적으로는 그 빚의 증가 속도가 너무 빠르다는 점에서 대단히 위험하다.

한 가정의 살림살이도 빚이 많을수록 문제가 큰데, 나라 살림살이가 갈수록 빚더미 위에 앉게 되다니 정말 큰 문제가 아닐 수 없다. 게다가 나라 빚으로 계산되지 않는 부분, 특히 공기업들이 안고 있는 부채도 결코 무시하기 어려운 수준이다. 2008년 말 현재 24개 공기업의 부채는 모두 177조 1000억 원에 이른다. 물론 그 증가세도 가파르다. 한국전력, 한국도로공사 등 10대 공기업의 부채는 2008년에 157조 원이었지만 2012년에는 301조 6000억 원으로 급증할 것으로 예상된다. 매우 '보수적인' 공기업들이 자체적으로 전망한 액수인 만큼 실제로는 더 늘어날 가능성이 크다. 특히 수자원공사는 '4대 강 사업'을 전담하고 있고, 토지주택공사는 '세종시 사업'을 전담하고 있어 그 부채액은 눈덩이처럼 불어날 것이다. 이러한 공기업 부채를 포함시킬 경우 2010년 말 한국의 국가 채무는 584조 3000억 원을 넘어설 전망이다.

그런데 여당 의원조차 크게 우려하고 있는 '사실상 국가 부채'란 이러한 직접 부채나 공기업 부채 말고도 보증 채무, 4대 공적 연금 책임 준비금 부족액, 통화 안정 증권 잔액까지 포함한다. 사실상 정부 내지 국가가 책임져야 할 광의의 국가 부채인 것이다. 이것은 '선진국' 그룹인 OECD 국가들의 재정 건전성 지표이기도 하다. 이한구 의원은 "1997년에 368조 원이었던 사실상의 국가 부채는 DJ정부를 거치면서 2002년 말 925조 원을 기록했고, 참여정부 말인 2007년 1295조 원에 달했다.”고 했다. 이어 “이 같은 증가 속도는 OECD 평균의 11.6배에 달한다.”고 지적하며 대선 공약과 달리 방만한 재정을 운영하는 이명박 정부도 비판했다. “GDP 대비 사실상의 국가 부채 비율이 1997년 74.9퍼센트, 2002년 135.2퍼센트에 이어 2008년 말에는 140.7퍼센트로 급등했다.”고 했다. ‘사실상 부채 140퍼센트’란 이미 ‘준準파산 상태’를 의미한다.

따지고 보면 경제를 살리자며 등장한 현 정부는 ‘경제’의 원래 뜻인 ‘경세제민’ 즉 ‘세상을 잘 다스려 백성을 살린다.’는 본연의 과업은커녕 나라 전체의 살림살이도 제대로 균형을 잡아 나가지 못 하고 있다. ‘주식회사 대한민국’이 갈수록 늘어나는 빚더미로 파산 직전이다. 최근에는 OECD조차 한국의 “재정 적자 증가율이 OECD 국가 중 최고”라며 경고한 바 있다. 더 심각한 것은 직접 채무가 2010년에 400조 원을 돌파할 정도로 현 정부 들어 급증하고 있으며, 무려 22조 원이 넘는 ‘4대 강 사업’ 등을 수자원공사 등에 떠넘기면서 사실상 국가 부채는 2010년 말에 1500조 원을 크게 웃돌 것이라는 점이다.

그렇다면 일반 백성의 살림살이는 어떤가? 2009년 6월 말 우리나라 가계 신용, 즉 가계 대출액과 판매 신용액은 모두 697.7조 원으로, 2/4분기 중에 14.1조 원이 증가했다. 전분기 대비해서는 4.6조 원 줄었으나 전년 동분기 대비해서는 19.8조 원이나 증가한 것이다. 주택 담보 대출을 중심으로 가계 대출이 13.8조 원이나 증가한 것이 주원인이다. 게다가 자녀 교육비나 의료비 지출 역시 가계엔 큰 부담이다. 다시 말해 주거 문제, 교육 문제, 의료 문제의 해결과 관련하여 백성들이 ‘유혈적으로’ 돈을 많이 써야 한다는 말이다. 부익부 빈익빈이 심해지면서 일반 서민들에게 고용과 소득은 하방 정체되나 생활비 지출은 급증해 생활고를 비관한 자살이 잇따른다. 2009년 10월만 해도 남편, 아들과 함께 동반 자살을 기도했다가 혼자 살아남은 40대 주부가 살인 혐의로 구속되는 어이없는 일도 있었고, 생활고를 비관해 가출한 사람들이 자동차 속에서 동반 자살하기도 했다. 가정불화에 집이 경매로 넘어가는 등 가정 파탄을 비관한 30대의 젊은 엄마는 두 자녀를 죽이고 자신도 음독자살을 시도했다. 비슷한 비극이 갈수록 자주 나타난다. 정말 슬픈 일이다.

나라 살림이든 백성 살림이든 공통점은 '살림'에 있다. 백성을 살리고 나라를 살리는 정치가 바른 정치다. 자연스레 흘러야 할 강은 빚까지 내어 22조 이상 투입하여 '삽질'로 죽이려 하는 반면 나라의 법으로 만들기로 한 '행정도시'는 사실상 죽이려 든다. 백성들은 살기가 너무 힘들다고 아우성이다. 천문학적인 빚을 져 가며 사람을 죽이고 자연도 죽이면서 '경제'를 이야기하는 것은 삼척동자도 웃을 일이다. 덩치 큰 건설 회사 몇 군데를 살린다고 나라 살림이나 백성 살림이 잘 될 리 없다. 계속하여 빚으로 살 수밖에 없는 나라는 미국이나 일본의 경우에서 보듯이 건강한 살림살이가 불가능하다. 지금이라도 정부는 장기 계획을 세워 나라 빚을 줄여 나가면서 '빈익빈 부익부' 사회를 '두루 행복한' 사회로 바꾸기 위해 백방으로 땀을 흘려야 한다. 재물 중독과 권력 중독을 벗어나 기득권을 포기하기만 한다면 모든 일은 강물 흐르듯 술술 흐를 것이다. 그래서 기득권이 불필요한 사회, 또는 기득권이 없는 사회를 만들어야 한다. 그러나 현실은 딴판이다. 상층부의 소수 기득권층은 달콤한 기득권을 직접 누리면서 갈수록 중독되어 가고, 중

하층부의 비기득권층은 기득권을 동경하면서 강박적으로 집착하기 때문에 중독되어 있는 셈이다. 결국은 상, 중, 하를 막론하고 기득권 체제에 중독되어 덫에 걸려 살고 있다. 이러한 기득권 중독 상태에서는 나라 살림도, 백성 살림도 어느 것 하나 제대로 되지 않는다는 것을 명심해야 한다. 소외되는 사람이 없이 모두가 더불어 행복하게 살려면 과연 어떤 구조를 만들어야 할지, 보다 근본적인 토론이 온 사회에서 불붙어야 한다. 한시라도 더 늦기 전에.

글로벌 시대, 마을이나 지역에 관심을 기울여야 하는 까닭

2008년 10월에 KBS에서 3부작으로 방영한 「호모 오일리쿠스」를 보면 머지않아 외국산 과일이나 물품들의 품귀 현상이 발생할 전망이다. 지금처럼 낮은 범지구적 수송 및 유통 가격이 더 이상 유지되기 어렵기 때문이다. 핵심은 석유 고갈 경향이다. 지금 시점에서 우리는 석유 채굴량의 최고조기, 즉 석유 정점peak oil을 막 지나고 있다. 이 정점 시기가 끝나면 석유 채굴은 갈수록 급감할 것이고 그에 비례하여 유가는 급등할 것이다. 석유 가격 급등은 석유 문명에 기초한 사회 경제 구조 전반은 물론 우리의 일상적 삶에도 심대한 영향을 미칠 것이다. 일례로 서울과 같은 거대 도시 외곽에 위성처럼 만든 신도시들이 공동화할 것이다. 값싼 석유로 유지되던 자동차 출퇴근이 어려워질 것이기 때문이다. 주유소에서는 석유를 구하기 위해 긴 행렬이 늘어서는 일이 일상화할 것이고 기다림에 익숙하지 않은 사람들은 조급증이나 공격성을 드러낼 것이다. 석유를 둘러싸고 사회적 갈등이 심해지면 심각한 사태의 예방을 위해 심지어 주유소

에조차 무장한 군경이 상주할지도 모른다.

이런 시나리오가 얼마나 정확할 것인가 하는 문제는 중요하지 않다. 설사 그런 예상들이 그대로 맞지 않는다 할지라도, 또 석유 정점이나 석유 고갈의 시점이 예측과 다소 다르다 할지라도 석유 문명의 종말은 반드시 오게 되어 있다. 양적인 종말은 지체 내지 유예되고 있지만 질적인 종말은 이미 우리 코앞에 다가선 것이 아닌가? 석유나 석탄이 연소하면 이산화탄소가 발생하는데 그 막대한 양의 이산화탄소가 초래하는 지구 온난화나 기후 변화, 이상 기후 따위가 바로 그것이다. 특히 신자유주의 세계화와 더불어 범지구적으로 자본, 상품, 기술의 이동이 급속히 이뤄지면서 석유 자원의 소비는 더욱 급증했다. 게다가 세계화를 통해 보편적 복지와 민주주의가 온 세상에 정착하기보다는 범지구적 차원에서의 '20 대 80 사회' 확산, 즉 범지구적 불평등 관계의 심화, 영미 중심의 신자유주의적 헤게모니의 강화, 세계 금융 자본의 거품 경제가 초래하는 불확실성 및 위기 증대, 전쟁 위기나 생태계 위기의 확산 등이 초래되고 있다.

사태가 이렇다면 세계화나 집권화에 대한 참된 대안은 '지역화' 또는 '분권화'가 되어야 한다. 그렇다고 폐쇄적인 사회나 공동체가 답은 아니다. 지역화나 분권화에 기초하되 다른 사회 및 공동체와의 폭넓은 교류와 개방, 즉 열린 자세가 필요하다. 이를 통해 자본과 권력이 주도하는 세계화를 창의적으로 지양해야 한다. 삶터와 일터를 기반으로 한 풀뿌리 민주주의의 일상화가 참된 대안의 기초일 것이다.

요컨대 돈벌이 위주의 자본주의 경제, 신자유주의 세계화 물결이 거칠게 다가올수록 역설적이게도 삶의 근거지 내지 운동의 근거지로서 '마을'

village 또는 '지역'community이 대단히 중요하게 부각된다. 그 배경은 다음과 같이 몇 가지로 정리할 수 있다.

첫째, 신자유주의 세계화의 물결은 갈수록 사람과 자연, 즉 생명 전반에게서 삶의 뿌리를 박탈하려는 경향을 지닌다. 뿌리가 박탈당한 삶은 결코 평화롭고 행복한 삶을 이루어 내기 어렵다. 과거에도 물론 뿌리조차 고정적인 것은 아니었다. 유동적인 경우조차도 땅과의 근원적 관계, 즉 친근하고 경외하는 관계를 맺고 있었다. 그러나 현재의 세계화 물결은 그런 뿌리를 모두 파헤치고 만다. 아직도 뿌리 또는 뿌리의 흔적이 남아 있는 한 저항의 토대, 즉 생명력은 남아 있다. 그러나 뿌리가 완전히 뽑히거나 그 흔적조차 없는 경우에는 그 어떠한 저항이나 대안도 불가능할 것이다. 따라서 삶의 뿌리를 되찾는 일은 그 자체로 삶이냐 죽음이냐를 가르게 된다. 바로 이 뿌리 찾기 운동의 출발점이 바로 지역 내지 마을인 것이다. 위대한 철학자 이반 일리치 선생도 '고유한vernacular' 또는 '토속의' 가치를 강조하지 않았던가. 그것은 지역과 마을을 바탕으로 영위된 자립과 자존의 존귀한 삶이기 때문이다. '고유한'이라는 말은 '뿌리박음rootedness'과 '거주abode'를 의미하는 인도-게르만어계 언어에서 유래한다 _이반 일리치, 그림자 노동, 박홍규 역, 미토, 2005.

둘째, 기존의 국가주의 패러다임이나 일각에서 대안으로 제시되는 세계 정부와 같은 전체주의 패러다임은 신자유주의 세계화 물결의 효과적 저지에 무력하거나 바람직한 비전을 제시하지 못한다. 국가주의의 강화나 국가 민주화를 통한 세계화 대응 논리는 최선의 경우에는 '인간의 얼굴을 한' 자본주의로, 최악의 경우에는 '파시즘적' 자본주의로 귀결될 것이다. 세계 정부 구상과 같은 전체주의 패러다임도 잘하면 유엔 등 국제기구처럼 세계 자본주의를 부드럽게 관리하는 것으로, 못하면 범지구적 파시즘을 초래할 가능성이 크다. 결국은 기존의 국가와 민족, 선진국-후진국 논리 같은 것을 넘어 정치 경제적 차원에서 살림살이의 새로운 단위를 고민해야 한다. 이런 면에서 지역 또는 마을코뮌, commune은 E. 골드스미스가 말하듯 "신경증 환자를 만드는 종족 집단과 소외감을 유발하는 거대한 조직을 멀리함으로써 인간의 본질에 더욱 부합되는" 단위로 떠오른다 _E. Goldsmith(1972), *A Blueprint for Survival*, London: Tom Stacey.

셋째, 지역은 일터이자 곧 삶의 터전이기에 심리적 거리감도 크지 않을 뿐 아니라 주민들이 직업, 학력, 성별, 인종, 출신 따위를 넘어 소통과 연대

시장과 권력을 넘어 **마을 자치로!**

덫에 걸린 세계화,
대안으로서의
마을 공통체

를 할 수 있는 새로운 터전이 된다. 다시 말해 기존의 국가나 세계 기구에 비해 지역 주민들이 스스로 참여하고 창조할 수 있는 가능성이 열려 있다는 것이다. 이른바 '참여 민주주의'가 가능한 단위가 지역이다. 그것은 돕슨A. Dobson의 말대로 지역 공동체가 "정치적 분권화의 확실한 진원지를 제공"하기 때문이다. 따지고 보면 지역 내지 마을이라는 것은 우리가 완전히 새로 만들어야 하는 것이라기보다는 오히려 언젠가부터 잃어버리기 시작한 것을 되찾아야 하는 것이다. 그래서 나는 "태초에 말씀이 있었다."라는 성경 말씀 대신 '태초에 마을이 있었다.'라고 강조한다. 위대한 간디 선생도 "마을이 세계를 구한다."고 하며 인도 전역에 약 70만 개의 마을 공화국을 만들자고 마을 자치와 자립을 강조하지 않았던가.

넷째, 신자유주의 세계화 또는 자본주의 체제, 경쟁이나 이윤 체제, 개발주의 따위를 비판하고 저항하는 것이 옳다고 하더라도 그것이 우리 자신의 삶의 근거지로부터 출발하지 않거나 삶의 근거지와 무관하게 전개된다면 그 싸움에서 비록 승리한다 할지라도 결코 우리의 것으로 귀결되지 못한다. 따라서 아무리 소박하더라도 나부터, 여기부터 출발하는 싸움이 되어야 운동의 '자기 책임성'이 강화되면서 보다 더 큰 차원에서의 싸움도 더욱 견고하게 전개할 수 있다.

다섯째, 궁극적인 대안의 비전이 기존의 시장 패러다임이나 국가 패러다임을 모두 넘어선 자율 패러다임이라고 할 때, 이 제3의 길, 자율의 패러다임을 실현할 수 있는 방도가 바로 '생태적 자율 공동체'라고 할 수 있다. E. 골드스미스가 말하듯 "작은 마을과 촌락에 인구를 분산시키는 것은 환경에 대한 인구의 영향을 최소한으로 감소시키는 것이다." 요컨대 나는 기존의 자본주의나 사회주의의 바탕에 깔려 있는 산업주의, 팽창주의, 위계주의를 모두 넘어서는, 그리하여 사람과 사람, 사람과 자연 사이의 근원적 관계를 회복하고 사람 자신의 외면과 내면이 통일을 이룰 수 있는 대안적 시스템이 바로 '생태적 자율 공동체'라 본다. 이런 점에서 지역이야말로 그러한 공동체를 창조할 수 있는 가장 기초적 단위로 부각된다.

이런 맥락에서 기존의 노동자 운동, 농민 운동, 여성 운동, 환경 운동, 학생 운동 등 여러 운동 단위들이 지역과 마을을 새로운 구심점으로 삼아 정치 경제적 민주화, 사회 문화적 민주화 운동을 아래로부터 시작해야 한다. 전 세계적 차원에서 새로운 국제 관계(약육강식이 아닌 형제자매 관계)를 형성하고자 하는 노력과 더불어 마을이나 지역으로부터 시작하는 운동은 그 자체가 풀뿌리 민주주의의 활성화 과정이자 삶의 희망을 만들어가는 운동이 될 것이다.

마을 주민으로서 자신의 지식과 삶을
하나로 녹여 내기

나는 우리 마을의 아파트 건설 반대 싸움에 나섰을 때 전국 각지의 풀뿌리 모임들과 연대를 형성하고자 했다. 그 중 '인드라망 생명 공동체'에서 운영위원으로 일하던 이정호 선생이 굳이 우리 마을까지 와서 나를 만나 심층 면접을 했으면 좋겠다고 했다. 평소에 그 운동을 마음으로 지지하던 입장이라 흔쾌히 함께 시간을 나누기로 했다.

2005년 4월 17일, 조치원 신안리 서당골의 우리 집 앞마당에서 인터뷰가 진행되었다. 당시만 해도 나는 그냥 마을 주민이었지 이장이 되리라고는 생각지도 못했다. 하지만 그때도 이미 마을 공동체를 지키기 위해 투신하겠다는 각오는 서 있었던 것 같다.

원래 '인드라망'이란 불교의 『화엄경』에 나오는 말로, 제석천 궁전에 드리워진 구슬의 그물망이다. 하나의 구슬은 다른 구슬들을 투명하게 비추고 있으며 또 그 구슬은 다른 구슬들 속에도 비춰진다. 결국 모든 구슬은 상호 연관 관계를 맺으며 하나의 세계, 하나의 생명을 이루고 있다. 어쩌면 내가 신안리라는 작은 시골 마을에 살면서 나름으로 헌신하고자 했던 시도는 인드라망의 작은 구슬 하나에 불과할지도 모른다. 하지만 이 구슬은 다른 구슬들을 비추기도 하고 다른 구슬들 속으로 들어가 비춰지기도 할 것이다.

　이런 점에서 나는 1999년 9월 11일에 창립되어 생명 살림과 평화 공존의 새로운 문명을 열어 나가고자 하는 '인드라망 생명 공동체'의 활동을 마음으로나마 적극 지지하게 되었다. 그리고 그런 시각으로 자세히 들여다보니 불교만이 아니라 기독교(교회나 성당, 수녀원, 수도원)나 성공회에서도 이러한 생명 살림의 운동을 하시는 분들이 곳곳에 숨어서 인드라망의 구슬처럼 영롱한 빛을 발하고 있음을 알게 되었다. 마치 3.5퍼센트의 소금이 바닷물을 짜게 만들듯 이 작은 구슬들은 온 세상에 희망의 빛을 밝히는 밑거름이 되리라 믿는다.

아버지가 물려주신 똥바가지를 들고 있는 저자

　그날 이뤄진 인터뷰 내용은 그 뒤 〈인드라망〉이라는 소식지에 실리기도 했다. 내가 '경영'을 연구하고 가르치는 대학교수이면서 마을 공동체에 헌신하기로 결단하게 된 배경을 이해하는 데 도움이 될 것 같아 그 내용을 여기에 다시금 옮긴다.

이정호 우리 회원들을 위한 격월간지인 「인드라망」에 선생님의 인터뷰를 실으려고 합니다. 우선 일반적으로 사람들이 궁금해 하는 것부터 질문을 하겠습니다. 경영학자이신 선생님께서 생태·생명 운동을 하는 것이 우리나라에서는 좀 낯선 느낌입니다. 이런 활동에 관심을 갖게 된 이유나 계기가 있을 것 같아요.

강수돌 3가지 정도 이야기를 할 수 있을 것 같은데요. 첫째는 저는 대학에서 경영학과를 다녔습니다. 주로 수업 내용이 '사람을 이용해서 어떻게 하면 돈을 많이 벌 것인가?'였는데 이상하게도 마음 깊은 곳에서 환멸감이 들더군요.

기본적으로 고교 시절과 대학교 때 『난장이가 쏘아올린 작은 공』 같은 책들을 접했으며, 당시 시대적으로 전태일의 분신, 동일방직 똥물 사건 따위의 이야기를 들으면서 힘들게 살아가는 사람들의 아픔을 느끼게 되었습니다. 그러면서 자연스레 '자본주의 경영학이 그런 사람들의 삶을 행복하게 하는 데 전혀 도움이 못 된다.'는 생각이 들었어요.

둘째는 유학이 계기인데, 5년 정도의 유학 기간 동안 독일과 유럽 사람들의 삶을 구체적으로 보게 되었지요. 특히 지도 교수께서 학교에서 한 시간 정도 떨어진 시골에 사셨는데, 양들과 나무를 돌보며 그들과 친구나 가족처럼 살았어요. 이런 모습들을 보면서 우리나라처럼 시골이 피폐화된 전례가 없다는 걸 느꼈어요. 유럽은 농촌이 오히려 도시보다 더 살기 좋다는 느낌이 들었어요. 우리 농촌 사회와 유럽의 농촌 현실은 결국 풀뿌리 운동의 차이에서 나온 거라 생각했습니다. 이러저러한 경험 속에서 생태적 감수성을 체득하게 되었다고나 할까요.

셋째로 제가 공부한 분야는 경영학 중에서도 노사 관계를 전공으로 하는 것이니 결국은 일하는 사람들 입장에서 생각을 해야 그 분들에게 도움이 되는 학문을 할 수 있겠다 싶었어요. 해결 방안을 찾는 과정에서 결국은 노동자가 잘 사는 방법을 찾아야 했어요. 그 과정에서

'도대체 잘 산다는 건 뭘까?'와 같은 질문을 던졌어요. 그때 끊임없이 임금을 많이 받는 건 아니라고 생각했고, 생존권 보장은 물론 중요하지만 궁극적인 것은 삶의 내용이나 삶의 질로 가야 한다고 봤지요. 이런 고뇌의 과정에서 자연스럽게 생태·생명 사상과 연결이 되었죠.

이정호 유학을 계기로 우리 사회에 대해 성찰의 기회를 가지셨던 것 같군요. 그런데 우리 사회가 아직은 자유민주주의 또는 자주와 평등에 관한 논의에서 머물러 있고, 생태·생명 운동의 문제의식은 현실 적용이 어려운 게 사실입니다. 지난 '2005년 사회 포럼' 자리에서 이런 괴리에 대해 "아직 현실 적용은 어렵다고 하더라도 학문적 영역에서 논의를 시작해야 한다."고 하셨던 기억이 납니다. 그런 태도를 사회 운동과 한국 사회에 대한 성찰 또는 생태적 문명 사회에 대한 사회적 담론의 형성이라 볼 수 있을 것 같은데요, 어떤 계기와 방법론을 통해 이러한 생태·생명 운동의 사회화에 대하여 논의가 진전될 수 있다고 보십니까?

강수돌 1990년대 초반에 한국 노동 운동의 위기에 대한 논쟁이 있었고, 2004년에 또 한 차례 있었습니다. 저는 이 논쟁에 직접 참여하지는 않았지만, 관심을 갖고 지켜보았습니다. 우리 사회의 지배적인 논조나 기득권층은 보수 우파적 시각에서 "노동 운동을 하지 말아야 한다."는 분위기로 몰아가고 있어요. 이런 분위기를 극복하기 위해서는 그런 자본 지향적인 풍토와 구조를 쇄신해야 하지만, 그렇게 하기 위해서는 노동

맺음말 :
마을 주민으로서 자신의 지식과 삶을
하나로 녹여 내기

운동계에서 현재 내부의 모습을 성찰해야 합니다. 성찰의 내용은 몇 가지가 있어요. 밖에서 바라보는 주된 비판 중 하나로 주로 파업 위주의 전투적인 투쟁 노선, 소위 말하는 '대중과 유리된 지도부의 강경 투쟁 일변도의 대립적 방법이 운동의 쇠락을 가져오는 건 아니냐?'라는 의문이지요.

조금 더 들어가면 대기업 노조의 이기주의와 비정규직에 대한 상대적 무관심에 대해서 비판이 있지요. 그리고 어떤 측면에서는 비정규직에 대한 무관심을 넘어서서 비정규직을 정규직의 고용 안정을 위한 방패막이로 이용하는 인식의 틀을 문제 삼고 있는 것으로 보입니다. 하나하나 중요한 문제 제기이기는 하지요.

그런데 노동 운동의 어떤 측면들이 이러한 외부의 인식 틀을 형성하게 하였는지 되돌아볼 필요가 있습니다. 물론 외부의 시각이 전적으로 정당하다고 볼 수 있는 건 아닙니다. 그러나 이러한 외부의 인식이 상당히 사회에 많이 퍼져 있는 건 사실입니다. 노동 운동의 분열에 대한 비판과 더불어 운동 내부의 요인에 대한 성찰의 자세가 필요한 시점이기도 하지요.

그리고 좀 변두리로 나오는 문제이기는 합니다만 이제 노동 운동도 환경과 생태 문제에 관심을 가져야 된다고 봐요. 일자리 수나 고용 안정을 강조하는 것도 중요합니다. 그러나 거기에서 좀 더 나아가 "사회에 해로운 제품이나 서비스를 제공하는 것도 일자리 창출로 인정해야 하는가?"와 같은 '불편한 질문'들이 필요하지요.

진정한 '삶의 질'에 대한 시각을 가지고 '산업과 고용'의 문제에 접근할 때, 저는 산업적 차원에서는 1차 산업이 중심에 자리 잡고 2차, 3차 산업이 외곽으로 가야 한다고 봅니다. 더구나 공해, 군수, 과잉, 퇴폐 향락 산업 등은 아무리 많은 일자리를 준다 해도 보호할 것이 아니죠.

이런 산업들의 경우 일자리가 없어진다 해도 과감한 발상의 전환이 필요합니다. 우리 사회가 '삶의 질' 측면으로 접근해도 새로운 일자리를 만들어 낼 수 있다는 전제하에 구조 조정이 필요하지요. 지금처럼 사람을 정리하는 것이 아니라 '삶의 질'과 '지속 가능한 삶'이라는 것을 전제하는 방향성 있는 구조 조정이 필요하다는 말입니다.

또 하나 정말 어려운 것은 우리 사회에서 진보나 보수를 막론하고 99퍼센트가 "경제는 성장해야 한다."는 성장 신화에 동의한다는 겁니다.

어제 큰아들이 다니는 대안학교에 갔다가 아이 친구를 잠깐 만났는데 그 아이가 "경제가 발전해야 한다고 하는데 계속 그렇게 가는 것이 옳은가?"라고 질문했어요. "지금과 같은 경제는 망해야 한다!"고 했더니 자기가 원하는 시원한 답을 얻었다고 만족해 했어요.

과연 우리나라의 다른 고 2학생들이 얼마나 그런 문제의식을 갖고 있을까 싶기도 했어요. 그리고 그 아이들이 앞으로 삶을 그렇게 살아갈 수 있을지에 대해 고민을 해야 한다고 생각했어요. 온 사회, 특히 진보성을 띠는 시민 세력이나 단체들에서 그런 진지한 질문을 얼마나 던질 수 있는지, 자기 질문을 해 봐야 할 때입니다.

이정호 생태·생명 운동의 근본적 물음인 삶의 질과 지속 가능한 삶에 대한 문제의식이 우리 사회에는 아직 부족하다는 말에 공감을 합니다. 그리고 그런 추상적인 검토와 함께 우리 사회의 산업이 '어떤 성격의 생산물을 낼 것인가?'에 대한 성찰이 부족한 것도 사실인 듯 보입니다.

최근에 소개된 책으로 독일의 프란츠 알트Franz Alt가 쓴 『생태적 경제 기적』을 보면, 유기 농업과 대체 에너지 산업, 녹색 산업 육성을 통한 지속 가능한 삶에 대한 유럽 사회의 모델을 소개하고 있습니다. 이것이 일본과 미국 중심의 경제 정책을 신봉하는 우리 사회에 새로운 문제의식을 던져 줄 수 있지 않을까 싶어요. 삶의 질과 지속 가능한 삶을 중심 관점으로 한 사회 구성 방식에 있어서 유럽식과 미국식의 차이는 뭐라고 보시는지요?

강수돌 세계적으로 보면 영국 자본주의가 미국과 유럽에 각각 이식되었고, 공황과 전쟁을 통해 경제가 말살된 적이 있다는 공통점이 있어요. 단 유럽은 '68운동'이 성찰의 기회를 제공했다고 봅니다. 68운동이 새로운 정권 창출이라는 면에서는 실패했지만 철학, 생활, 문화, 삶 등에는 많은 영향을 줬지요.

미국은 사회적 문제 제기가 유럽보다 적었고 대량 생산과 대량 소비의 내면화가 빨리 일어났어요. 정치와 경제 사이의 권력 연합이 강고해 기득권 세력이 성찰의 기회를 갖지 못했지요. 미국도 소소한 운동은 있었지만 사회 현상을 근본적으로 성찰하는 그런 사회적 계기를 갖지는 못했던 것 같아요.

2003년 여름부터 2004년 여름까지 연구년안식년으로 미국에 머물 때 들었던 생각인데, 미국은 부엌을 아주 멋지게들 꾸미고 살아요. 우리나라 아파트 문화와 비슷한데 막상 밥은 집에서 안 해 먹고 외식을 많이 해요. 그것도 맥도날드나 피자헛 같은 패스트푸드 가게에서 말이죠. 그래서 우리는 '일상의 삶 속에서 인간과 인간, 인간과 자연에 대해 얼마나 고민하고 있을까' 하는 문제 제기를 해야 합니다.

유럽 사회는 68운동 이후 성찰을 통해 '삶의 질'이 내면화 되었는데 미국은 '자본의 내면화'가 갈수록 강화되었다고나 할까요. 우리 사회도 미국이나 일본과 같은 길을 걷고 있지 않나 싶습니다.

따지고 보면 대량 생산이라는 게 효율성의 원리 아래 경쟁심, 시기심과 질투심을 조장해 진정한 자기 필요조차 왜곡하고 무력화해 대량 소비를 부추기는 역할을 하고 있습니다. 일상생활 속에서 이 왜곡된 욕망을 이겨낼 수 있는 힘을 키우는 것과 사회 구조적 문제에 대한 성찰의 문화를 만들어 나가는 것, 이것이 우리가 직면한 과제이지요.

이정호 지율스님 단식과 천성산 문제를 보면 새로운 가치와 기존의 경제 가치의 충돌인 것 같습니다. 아직 우리 사회에서는 생명 문제에 대해 철학적 혼란과 지체 현상을 보이고 있는 형국입니다. 과연 경제 가치와 생명 가치가 항상 대립되어야 하는가? 공존할 순 없을까? 그래서 유럽 사회의 앞선 경험에 대해서 고민을 하는 것 같은데 유럽 사회에서는 그런 실례들이 있었는지, 또 어떻게 그런 문제들을 풀어 왔는지 궁금한데요.

강수돌 경제 가치 중심의 돈벌이 경제는 반드시 생명 가치와 적대적 관계에 놓이게 됩니다. 저는 이것을 노동과 자본의 모순이 확장된 것이라고 이해하고 있어요.

노동과 자본의 충돌을 '노동을 포함한 생명'과 '자본' 사이의 모순으로 새롭게 모형화해 보면 생명(삶)과 자본이라는 각각의 원이 있을 때, 그 교집합이 (임금) 노동이지요. 이때 인간의 노동(력)은 생명, 즉 삶(life)의 일부이기도 하고 또 자본(capital)의 일부이기도 합니다. 자본은 임노동을 빨판으로 하여 끊임없이 인간과 자연, 즉 모든 생명이 가진 생명력을 빨아 당깁니다.

이것은 맑스의 이론이 오늘날 좀 확장되어야 한다는 생각에서 제 나름대로 정리한 것입니다. 돈벌이로 대변되는 자본의 자기 증식은 삶(자연과 인간의 삶)과 반드시 적대적일 수밖에 없어요. 결론은 자본의 속성이 죽은 노동인데, 이는 자본으로서는 끊임없이 삶(생명)을 빨아먹어야 생존이 가능하다는 것을 의미해요.

그런 의미에서 자본은 벗어나거나 넘어서야 할 과제예요. 자본을 벗어나거나 넘어서서 경제와 삶이 조화롭게 갈 수 있는 유일한 방법이 있기는 합니다. 아마 돈벌이가 아닌 '살림살이 경제' 즉 '생명 살림의 경제'가 되면 조화가 가능하지 않을까 싶어요.

일례로 독일의 '프라이부르크 시'의 경우를 들 수 있어요. 이 시는 시민운동의 결과물이기도 한데요, 행정 관료 중에 의식 있는 사람들이 많이 포진해 있어요. 그 특징을 보면 자동차를 도심으로 갖고 가지 않아도 대중교통을 이용해 편리하게 일을 볼 수 있도록 체계를 갖췄어요.

돈벌이 중심의 경제가 아니라 인간답게 살아가기 위한 살림의 경제를 실현한 결과라 봅니다.

평소에도 강조하는 건데 동양의 '경세제민經世濟民'이나 서양의 이코노미economy 모두 그 어원을 살펴보면 '백성들의 살림살이'라는 개념이 들어 있어요. 그런데 자본주의 경제 체제로 접근하면 개인은 임금 인상, 기업은 이윤 창출, 국가는 수출이나 외환 보유고 증대, GNP나 GDP 성장, 그런 지표들만 따라가게 됩니다. 그렇게 되면 사회, 문화, 정책, 교육 여타의 것들이 주변부로 소외되죠. 굳이 삶의 조건을 지표화하려면, 측정 기준은 사람들의 행복 지수가 되어야 합니다. 이미 현대 사회에서는 GNP가 저절로 행복을 가져다주지 않는다는 것이 논리적으로나 실제 생활에서 드러나고 있어요. 행복한 삶이 우리 삶의 궁극적 목적인데도 말입니다.

이정호 우리나라에서도 경제 가치와 생명 가치를 어떻게 통합해 가야 하는가에 대한 공론은 없는데요. 시민운동이나 생명 운동 진영에서 인식과 제도를 바꾸어 가는 생명 중심의 경제 제도와 행복 지수까지 인식이 확장되어야 할 텐데 기본적인 조건들이 안 좋아요. 시민 사회에 대해 평소에 '우리가 이런 정도는 해야 하지 않을까?' 하는 바람이 있다면 어떤 것이 있을까요?

강수돌 두 가지를 말하고 싶은데요. 하나는 기존의 노동자, 농민, 여성, 환경·생명 운동이 자기 조직의 틀을 넘어서 소통하는 장을 많이 만들어

맺음말 :
마을 주민으로서 자신의 지식과 삶을
하나로 녹여 내기

야 된다는 것이지요.

얼마 전 한국 사회 포럼에 참석했는데 상대적으로 많은 분들이 오셨고, 한 달에 한 번 정도라도 공부하는 포럼을 하자고 제안했어요. 곧 그런 장이 만들어질 것 같은데 힘이 되면 같이 노력하려고 해요. 마치 밭에 자라는 쑥 뿌리가 땅에 단단히 뿌리를 내리며 자라듯이 풀뿌리 조직들이 그렇게 서로 영향을 주고받으며 발전해야 해요.

두 번째는 일상의 흐름들 속에서 당연시하는 것들, 예컨대 "애들은 공부 잘해야 하고, 어른들은 직장에서 승진하거나 월급 많이 받아야 한다."는 식으로 관성화한 삶의 논리에 대해 철저한 '자기 부정을 통한 자기 긍정'을 하는 과정이 필요해요.

인간 소외를 심화시키는 자동화, 정보화 문제나 구조 조정 문제 등의 예를 들면 새로운 기계가 들어와 위험에서 벗어나고 일이 좀 편해질 수 있을지는 모르지요. 그러나 노동 강도는 높아지고, 기계에 일자리를 넘겨주고, 결국은 이것이 인간과 사회의 목을 죄는 부메랑으로 돌아오지 않는가 깊이 성찰해야 합니다.

동시에 '이렇게 살면 안 되는데…' 하면서도 참고 있는 것, '시간이 가다 보면 잘 되겠지.'라며 불감증에 빠져 있는 것에 대해 고백하고 공감해야 합니다. 물론 한쪽만 강조하다 보면 의식 개혁을 강조하는 방향으로 가기 쉬운데 구조적인 것과 개인적인 것이 함께 가야 하고, 그래야 상승효과가 날 거라 믿어요.

이정호 변화시켜야 하는 것들에 권력 자체를 포함하지만 우리 삶을 구성하는

다양한 것들에 대해 새로운 시각과 방법을 제시하는 것도 중요할 것
같습니다. 유럽 사회에서는 녹색당이 '권력에 대한 새로운 시각'과
'일상생활의 진보', '문화적 변화' 등을 중심으로 풀어왔던 것 같습니
다. 우리나라의 경우 어떤 방법이 가능할까요?

강수돌 권력 문제를 말씀하셨는데 전통적 방식은 기득권 세력이 갖고 있는
권력을 진보 세력이 정당을 결성해 합법적으로 장악하든, 아니면 수
단과 방법을 가리지 않고 일거에 타도하여 장악하든 우리 외부에 존
재하는 권력을 '장악'하려는 패러다임이었는데요. 저는 헌법에 명시
된 "모든 권력은 국민으로부터 나온다."는 말에 천착해 봅니다. 그 국
민의 권력을 소수 엘리트들에게 그냥 위탁하는 것이 아니라 권력이
권력이면서 권력으로 작용하지 않을 때, 즉 풀뿌리 민중이 자기 책임
하에 결정하고, 그 결과에 책임진다는 개념이 필요하다고 봅니다.

이는 멕시코의 '사파티스타 운동'에서 힌트를 얻은 것인데 저는 그
게 가장 바람직한 대안이라 봅니다. 멕시코 농민들은 1994년에 '북미
자유무역협정NAFTA'을 계기로 농업과 농촌이 해체될 위기에 처하자
반군을 조직해 저항을 시작했지요. 그런데 그 저항의 방식이 매우 흥
미롭습니다. 내적으로는 관료주의를 타파하여 풀뿌리 민주주의를, 외
적으로는 권력 지향성을 타파하여 자율 자치 공동체를 추구하는 거지
요. 중앙 권력을 장악하자는 게 아니라 자기 권력을 직접 실현함으로
써 우리를 소외시키는 중앙 권력을 무력화하자는 패러다임이지요. 그
런데 현재 한국의 지자체는 풀뿌리 민중이 스스로 삶을 주관하고 결

맺음말 :
마을 주민으로서 자신의 지식과 삶을
하나로 녹여 내기

정하는 게 아니라 중앙 권력 정치의 축소판에 불과하여 중앙 권력을 조금이라도 나눠 갖자는 것, 그것을 좀 작은 형태로 지역에서도 재생산하자는 것이지요. 이에 대한 대안은 좋은 소신을 가진 일꾼들이 많이 들어가기도 해야 하지만 마을이나 지역, 삶터나 일터에서 완전히 자주적이고 자율적인 공화국을 만드는 것이 아닐까 합니다. 마치 인도의 간디 선생이 "인도를 살리려면 약 70만 개의 마을 공화국을 만들어야 한다."고 한 것처럼 말이지요.

이정호 '모든 사람에게 모든 것을, 우리에겐 아무것도' 라는 방향은 맞다는 생각이 들어요. 현실성에 대해서는 좀 더 고민이 필요하지만요. 사실은 프롤레타리아 혁명도 모든 사람에게 모든 걸 주기는 했지만 자기도 모든 걸 가졌던 역설을 가지고 있는 것 같아요. 그런 새로운 권력 또는 사회로 이행하기 위한 것으로 '제3의 길' 이라는 게 있는데, 선생님께서는 여전히 제3의 길을 추구하고 계신지? 또 그것은 국제 정세적으로 어떤 의미가 있다고 보시는지요?

강수돌 영국의 앤서니 기든스 Anthony Giddens 가 제3의 길을 논했을 때는 공산주의와 자본주의의 양 갈래에서 사회민주주의를 대안으로 내세웠어요. 그런데 사실 그는 신자유주의 성향이 강한 사민주의 우파의 입장 정도에서 이야기한 것 같아요. 미국과 소련이 양강 구도를 이루고 있을 때는 사민주의 좌파 정도가 제3의 길이라고 이야기 됐는데, 1980년대 말과 1990년대 초에 소련이 무너지면서 신자유주의로 우경화된 사민주의가 '제3의 길'이라 제시되었어요. 저는 그것에 동의하기 어렵다고 봅니다. 사민주의의 한계는 (부단히 진화하는) 자본주의의 틀을 인정하면서 그 속에서 개선과 사후 보완을 모색한다는 것이지요. 결국 자본의 틀을 인정한다는 것입니다. 이는 생명 가치를 도외시하는 내재적 결함을 가진 것이지요. 현재 많은 사람들이 가고자 하는 사민주의 복지 국가 시스템은 그 물적 토대가 제3세계나 자연 생태계의 희생을 깔고 있으므로 모든 나라에 적용될 수 있는 보편성이 없지요. 따라서 우리가 궁극적으로 지향할 바는 아니지요.

복지 선진화 되어 있는 나라들은 대부분 식민 시대를 통해 약소국들을 수탈해서 그런 풍요를 이룬 거지요. 현재도 강대국들은 대부분 그렇고 미국은 더 노골적으로 그렇게 하고 있습니다. 미국의 행태를 보면 '구제국주의와 신제국주의를 변증법적으로 통일' 했다고 해야 하지 않을까요?

시장의 논리가 사회 경제 한 축에 깔려 있다면 또 한 축에는 국가의 논리가 있어요. 그런 관점으로 보면 스탈린이나 박정희 시대의 개발 독재가 모두 국가 독재의 패러다임에 들어가는 거지요. 틀을 그렇게 시장 패러다임과 국가 패러다임으로 나눠 보면 제가 말하는 제3의 길이란 기존의 이분법적 분할 구도를 넘어설 수 있다고 봐요.

그 두 가지 구도(시장이냐 국가냐)의 결정적인 공통점은 시장이든 국가든 민중의 책임감과 자율성을 박탈하고 파괴하기 때문에 민중이 진정한 삶의 주인이 되지 못한다는 거예요. 자본에 끌려다니거나 차별화된 시스템에서 서러움을 받다가 노력해서 간 곳이 자본이나 국가 권력을 재생산하는 구조로 갔던 거지요. 그것도 이제는 거꾸로 신자 유주의로 가면서 다시금 시장만능주의가 온 세상을 장악하고 있어요. 그래서 이제는 시장과 국가 사이에서 외줄타기 게임을 하는 것이 아니라 진정한 제3의 길로서 민중의 자율과 자치를 중심으로 하는 새로운 패러다임을 추구하자는 거지요.

결국 시장이나 국가 패러다임 안에선 진정한 노동 해방이나 생명 해방을 이룰 수 없다고 봅니다. 제가 진정한 경제 가치, 생명 가치를 아직은 어설픈 언어로 쓰고 있는데, 경제 가치란 최소한 생계나 빈곤 해결을 기본 과제로 하지만 자본주의 경제 가치는 그 빈곤조차 해결하지 못하고 있고, 진정한 생명 해방이나 노동 해방은 더욱 갈 길이 먼 거죠.

이정호 대안적 경제 체제를 시장과 국가가 있고 시민 사회 또는 민중 영역이 있다고 가정하여 각각 정립하고 교집합의 틀을 확대하는 것으로 구상하시는 것인지, 아니면 민중 영역이 크게 있고 그 안에 시장과 국가가 교집합으로 있는 것인지요?

강수돌 지양 止揚, Aufhebung 이라는 말이 있지요? 시장과 국가를 지양해서 자율과 자치를 지향 指向하는 건데요. 이 지양이라는 말은 세 가지 의미를 안고 있어요.

첫째는 기존의 것을 그만두는 것, 둘째는 좋은 것은 안고 가는 것, 셋째는 안고 가면서 예전보다는 한 단계 들어 올리는 것, 즉 그만두기와

끌어안기를 함께 포함하고 한 단계 업그레이드 하는 걸 의미하지요. 시장과 국가를 지양해야 한다고 보는 건 기존 시장 경제와 국가 논리로는 생명 가치가 실현 불가능하다고 보기 때문이지요.

그러나 시장이라는 것이 김지하 선생이 강조하는 호혜나 신시, 또 최근에 주목받는 레츠 운동이 시사하듯 나눔과 선물의 관계, 배려의 의미를 담고 있는 '지양된 시장'이라면 그것은 인정이 되어야죠. 한 개인이 모든 걸 다 자급자족할 수 없으니 그건 필요하잖아요.

국가도 지양되어야 한다고 보는데 민주 정부가 해야 할 역할은 반동 세력을 막아 주고 자원의 재분배를 하는 것, 즉 풀뿌리 민중의 이해와 요구를 적극 수렴하면서 자본의 반격도 막아 내는 것으로 완고하게 제한되어야 합니다. 그런 의미로 '지양된 국가'도 필요합니다.

현재는 세상과 생명을 파괴하는 자본이나 부패한 정치가들을 철저히 척결하는 것이 중요하다고 봅니다. 그것을 국가라 해야 할지는 잘 모르겠지만 저는 '지양된 국가'라 생각해요. 조정하고 보호한다고 할까요, 여하튼 핵심은 민중의 자율 자치죠. 지양된 시장이나 지양된 국가는 민중의 자율 자치를 손상시키지 않는 범위 내에서 또한 그를 고양시키는 범위에서만 인정을 해야 한다는 것이지요. 그냥 적절히 타협하자는 것은 아닌 거죠.

이정호 국가든 시장이든 민중의 자율성을 확대시킬 수 있는 차원이라면 활용할 것은 활용하고 그쳐야 하는 것은 그쳐야 한다면서 적절한 타협이 아니라 하셨는데 그 의미는 어떤 것인가요?

강수돌 그 방법론은 사회 운동의 끊임없는 성찰과 연대, 소통을 통해 가능하다고 봐요. 전체 사회의 변화를 위해서라도 온갖 제도나 생활 양식의 변화, 가치관의 변화까지 다양한 모습의 실천들이 조직되어야 하겠죠. 일례로 마을에서 작은 행사를 할 때조차 설사 행정적 지원을 받는다 하더라도 기획 단계에서부터 주민들의 의견을 민주적으로 수렴하고, 주민들이 스스로 역할과 책임을 분담해서 진행과 마무리까지 해내는 것, 그 과정에서 시장 경쟁의 원리나 국가 통치의 원리를 경계하면서 풀뿌리의 자율성을 견지하는 것이 중요하겠지요. 동시에 다른 마을이나 다른 풀뿌리 모임들과 부단히 소통, 연대하면서 아래로부터 힘과 변화를 축적해 나가야 한다고 봅니다.

이정호 최근에 마을에 계획 중인 아파트 문제로 골머리를 앓고 계시는데요, 이 문제를 어떻게 보고 계신지요?

강수돌 저는 이 아파트 건설 문제를 개인적 차원으로만 보지 않아요. 하필이면 내가 사는 터전을 심하게 훼손할 사업에 대해 반대한다는 차원, 그게 개인적 차원이겠지요. 그런 측면도 있지만 구체적 내 삶으로 다가오니까 이론과 실천을 아우르는 것이라고 할까? 이번 일을 계기로 발전된 형태의 사회 활동을 할 수 있을 것 같아요. 그런 차원에서 시민단체에서 강조하는 '토지 공개념'이 매우 중요한 문제라 봅니다. 농지 문제나 토지 일반 문제, 주거 문제, 집을 바라보는 개념 등 모두를 아우르는 것으로 논의를 확장할 필요를 느끼고 있어요.

고층 아파트 건설 사업을 막기 위해 즉각적인 대응이 우선 필요하지만, 궁극적으로는 그런 토지나 주거 문제, 생활 양식의 문제들을 아울러서 사회적으로 문제 제기 하는 것이 바람직하다고 봐요.

이정호 인터뷰를 마무리하기 전에 좀 성격이 다른 주제도 여쭙고 싶군요. 요즘 독도와 역사 교과서 문제로 일본의 제국주의화가 문제시 되고 있는데 우리나라도 제국주의라고 봐야 하나요?

강수돌 '아류 제국주의'라 할 수 있죠. 중국이나 동남아, 아프리카나 남미 쪽에 진출한 우리나라 기업들이 하는 행동이 자본주의가 처음 들어올 때 모습과 비슷해요. 더 큰 제국주의에 당하면서 더 약한 나라를 수탈하는 이중의 모순이 중첩적으로 드러나고 있는 거죠.

이정호 이런 문제를 다루는 우리 사회의 태도도 문제인데, 이런 일들을 계기로 우리 사회에서 성찰의 문제를 어떻게 사회 의제화 할 것인가 하는 문제도 함께 고민해야겠지요. 독도 문제는 어떻게 보시나요?

강수돌 단순한 영토, 영유권, 소유권의 문제가 아니라 미국과 일본의 제국주의적 태도가 문제라고 봅니다. 한-미-일 3각 관계에서 남한의 공조가 깨지면서 미-일 연합이 극명하게 드러나는 것 같아요. 다른 이들이 제국주의 전쟁의 위험을 느낄 만큼 극우파들이 힘을 얻는 것 같아요. 그런데 제대로 문제를 풀려면 민족주의 측면으로 접근하는 게 아니라

맺음말 :
마을 주민으로서 자신의 지식과 삶을
하나로 녹여 내기

사회관계 측면에서 접근해야 할 것 같아요.

나라든 사회든 개인이든 타자와의 '관계 맺기'가 어떤 식으로 진행되는가 하는 관점으로 바라보아야 민족이나 국가주의를 넘어설 수 있어요. 모든 나라의 풀뿌리 민중이 자기 삶의 주인이 되어 민족과 국경을 넘어 소통하고 연대함으로써 그런 제국주의적 민족 국가의 개념을 넘자는 거지요. 그런 틀에서 보면 나라와 민족의 의미는 없어지지요.

이정호 끝으로 생태·생명 운동 그룹이나 인드라망 회원 여러분들에게 한 말씀 부탁합니다.

강수돌 '인드라망'이 가지고 있는 의미가 큰 감동으로 다가왔어요. 제가 홀로 그램적 방식(작은 티끌 하나에도 온 우주가 들어 있다고 보는 관점)에 대해 공부하던 시기였는데, 인드라망도 크게 보면 같은 의미예요. 이론적으로 전체를 부분으로 축소시켜 파악하려는 환원론적인 입장과는 정반대라 할 수 있어요. 오히려 한 개인의 삶을 철저히 추적하면 그 속에 사회 전체가 들어 있다는 것, 문제는 단편적 분석으로 그치는 것이 아니라 종합적으로 보아야 제대로 진실이 규명된다는 것이지요.

인드라망 방식은 파편적 분석이 아니라 종합하는 방식이라서 세상을 바라보는 관점이 참 와 닿았습니다. 이 세상 만물이 하나의 그물망이라는 것, 우리는 어떤 형태로든 서로 연결되어 있어 결코 외따로 존재할 수 없다는 것이죠.

이런 관점은 사회 운동에도 시사하는 바가 있는데, 기존의 군대식

사다리 질서가 아니라 유기적인 그물망의 연결 구조를 만들어야 한다고 봅니다. 그야말로 살아 움직이는 모든 참여자가 주체가 될 수 있는 그런 조직적 패러다임이지요. 그동안 '민주 집중제'를 강조했던 진보 세력조차 그런 사다리 질서라는 전제하에 아래와 위를 위치만 바꾸었지 근본적인 관계가 바뀌었던 건 아니지요. 저는 '원탁형 구조'라 이야기하는데, 미래 사회를 위한 대안 운동의 새로운 방법론을 제시할 수 있으리라 믿습니다. 이와 같은 사고방식이 풀뿌리 조직 운동에도 적극 반영되어 서로 소통하고 연대하는 데 큰 힘이 되면 좋겠습니다.

이정호 긴 시간 인터뷰에 응해 주서서 감사합니다.